그들은 어떻게 **임원**이 되었을까?

그들은 어떻게 **임원**이 되었을까?

초판 1쇄 인쇄 2006년 12월 1일
초판 1쇄 발행 2006년 12월 15일

지은이 김소연, 김병수, 정광재
펴낸이 조철선

펴낸곳 (주)아인앤컴퍼니
등록번호 제22-2451호
주소 서울특별시 서초구 양재2동 275-1 삼호물산 A동 1605호
전화 02-589-0130
팩스 02-589-0131
E-mail books@einandcompany.com

ISBN 89-91042-21-X   03320

값 14,500원

대한민국 100대 기업 임원 25인에게 듣는다

그들은 어떻게
임원이 되었을까?

매일경제 김소연, 김병수, 정광재 기자 지음

아인북스
지혜로움과 자유

서문

대한민국 직장인들이여, 임원으로 당당히 올라서라

아무리 삼팔선(38세 퇴직), 사오정(45세 정년퇴직), 오륙도(56세에 직장에 남아 있으면 도둑놈)가 세태가 됐다지만, 신입사원 시절 임원에의 꿈 한 번 꿔보지 않고, 사장이 된 미래의 자기 모습 한 번 그려보지 않은 사람이 있을까.

물론 현실은 그리 녹록치 않다. '대졸 신입사원이 임원이 되는 데 평균 22.4년이 걸린다.'는 조사 결과가 있다. 여기까지는 그렇다 치자. 그 다음 내용은 더 기함을 하게 만든다. 부장까지 승진하는 사람은 신입사원 100명 중 5명에 불과하다고 한다. 내가 과연 그 다섯 명 안에 들어갈 수 있을까, 하는 질문에는 바로 답이 나오지 않는다. 그러나 이왕 칼을 뽑았으면 그 칼로 세상을 바꾸지는 못할지라도 바로 칼집에 넣을 수는 없는 일 아닌가.

'임원 탐구'는 역시 샐러리맨인 기자 3명의 이 같은 생각에서 비롯되었다. 세월이 지나면서 조금 퇴색하긴 했지만, 그래도 신입사원 시절 품었던 다소 거창한 꿈을 그냥 묻어버리고 회사 밖에서 제2의 인생을 찾기에는 뭔가 아깝다는 생각이 들었다고나 할까. 어차피 CEO는 시대가 만드는 것이라 하니 내 손을 떠난 일이라 치고, 대신 스스로의 노력 여하에 따라 성취가 가능한 '임원 되기'의 비결에 매달려본다면 앞으로 나아갈 길에 한 줄기 빛을 얻을 수 있지 않을까 하는 원초적 호기심이 이 책이 탄생하게된 배경이다.

사실 대기업 임원들은 철저히 베일에 가려진 인물들이다. 기업의 전면에 나서는 CEO들은 대중에게 알려지기 쉽지만, 한국의 상황에서 CEO 밑에 있는 임원들이 스포트라이트를 받을 기회는 별로 없다. 그 결과, 사람들이, 특히 샐러리맨들이 정작 '기업의 별'이라는 임원에 대해 알 기회는 원천적으로 차단돼 있다 해도 과언이 아니다. 사정이 이렇다 보니, '사회의 거울'이라는 드라마에 등장하는 대기업 임원들은 권위적이고, 권모술수에 능하며, 오너와 일가친척인 경우가 흔하고, 자신은 별로 일도 안 하면서 부하직원들에게 호통이나 치는 인물쯤으로 그려지곤 했다.

그러나 적을 알아야 백전백승할 수 있지 않겠나. 그래서 이 책은 '한국의 대기업 임원들은 과연 어떤 사람들이며, 어떻게 임원 자리에 올랐을까?'에 대한 조사로부터 시작되었다.

대기업 임원들은 어떤 사람들일까? 학벌이나 집안이 좋은 사람들일까? 인맥과 네트워크가 탁월한 사람들일까? 도대체 어떻게 일을 했기에 임원까지 될 수 있었을까? 업무 외의 생활 또한 남다를까? 질문은 꼬리에 꼬리를 물고 이어졌다.

이 같은 질문들에 대한 진실한 답을 알아내기 위하여 기자 셋이 무려 5개월에 걸쳐 한국의 대표 임원들을 만나 심층 인터뷰를 진행했다. 그 오랜 노력의 결과물이 바로 이 책《그들은 어떻게 임원이 되었을까?》에 고스란히 담겨 있다.

그렇다면 과연 이 같은 일련의 과정을 거치면서 처음에 목표했던 '임원 되기 비결'에 대해서 힌트를 얻었을까?

얻었다고 자신 있게 말할 수 있다.

수많은 임원들을 만나고 그들과 대화를 나누면서, 그들에게는 공통점이 있다는 것을 느낄 수 있었다. '열정', '성실', '처음처럼'. 바로 이 세 가지다.

'열정이 있는 모든 사람이 다 임원이 되는 것은 아니지만, 적어도 임원이 된 사람치고 열정적이지 않은 사람은 단 한 사람도 없다.'라고 확신할 수 있다. 열정은 평범한 신입사원을 발군의 임원으로 변화시키는 힘을 갖고 있다.

그렇다면 열정을 지닌 수많은 사람들 중 누가 임원이 되는가? 능력이 뛰어난 사람? 대인관계가 좋은 사람? 줄을 잘 서는 사람? 그 모두를 누른 것은 결국 '성실하게 직장생활을 해온' 사람들이다. '성실'이라는 두 글자의 빛이 어느 때보다도 바랜 요즘, 시사하는 바가 큰 지점이다.

그렇다면 어떻게 그렇게 20년 안팎의 직장생활 동안 한결같이 성실한 태도를 유지할 수 있었을까? 그것은 바로 신입사원 시절의 설렘과 꿈을 잊지 않고 생활한 덕분이다. 처음 합격통지서를 받아 들었을 때의 느낌과 감동이 꾸준히 성실할 수 있는 바탕이 된 것이다.

하루아침에 임원이 된 사람은 없다. 자기 분야에서 부단한 노력을 기울이고, 때로는 혹독한 부침을 겪으면서도 자신의 목표를 한 순간도 잊지 않고 그 목표를 위해 부딪치고 또 부딪친 사람만이 결국 임원이라는 과실을 맛볼 수 있다.

대기업 임원, 나아가 CEO를 꿈꾸는 많은 신입사원들과 샐러리맨들이 이 책에 담긴 '임원 되기 비결'을 실천하여 10년, 20년 후에 빛나는 임원의 별을 달 수 있기를 진심으로 바란다.

끝으로 책이 나오기까지 물심양면 지원을 아끼지 않으신 윤영걸 〈매경이코노미〉 국장님과 노성호 부장님 이하 〈매경이코노미〉 선후배 기자들, 조철선 사장님을 비롯한 아인북스 여러분께 깊은 감사를 드린다.

김소연, 김병수, 정광재

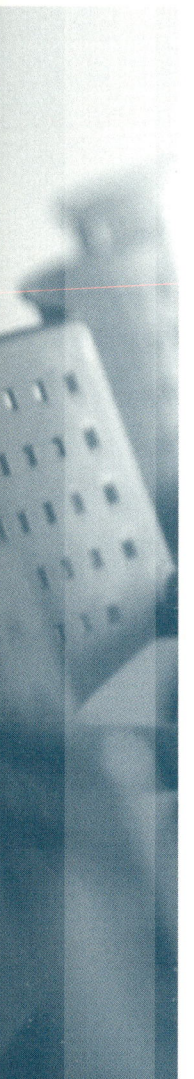

:: 차례 ::

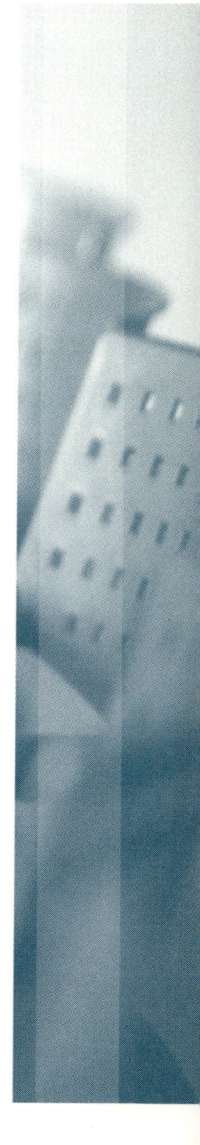

Chapter 1

기업의 별,
임원

대기업 임원 인사의 조류

매 년 초면 대기업 임원 인사 결과에 세간의 이목이 집중된다. 누가 새로운 CEO가 됐는가도 관심사지만, 그에 못지않게 누가 새내기 임원이 됐는가 하는 사실에도 강력한 스포트라이트가 비춰진다. 기업의 꽃이요 별이라는 임원의 세계에 새롭게 발을 들여놓은 사람이 과연 누구인가 궁금해하는 것은 어찌 보면 인지상정이다.

최근의 대기업 신임 임원 인사 조류를 살펴보면 확실히 눈에 띄는 공통점이 있다.

우선 연구개발 출신 신임 임원이 유독 많아졌다. 2006년 삼성 그룹의 신임 임원 중에 무려 64%가 이공계 출신이었다. LG 필립스 LCD 역시 신임 임원 8명 중 절반인 4명이 연구개발 쪽이다. 미래의 새로운 성장동력을 발굴하기 위해서는 연구개발인력 확충이 관건이라는 데 각 기업이 생각을 같이하고 있음을 보여주는 단면이다.

뚜렷한 성과를 내야만 비로소 임원이라는 별을 달 수 있다는 것은 이제 당연한 조류가 되었다. 연구개발 출신 신임 임원이 많은 것도 어떤 의미에서는 같은 맥락이다. 연구개발만큼 성과를 바로 눈으로 보여줄 수 있는 분야도 없지 않은가?

2006년 초 삼성전자의 신임 임원이 된 임영호 상무보와 장태석 상무보가 그 대표적인 주인공들이다. 두 사람 모두 1963년생으로 올해 43세다. 삼성그룹에서 2006년에 상무보를 단 신임 임원들의 평균연령이 46세인 것을 감안하면 둘 다 나이에 비해 빠른 승진이다.

삼성전자는 2005년 9월 세계 최초로 50나노(10억 분의 1m) 공정기술을 적용한 16기가비트급 낸드플래시 메모리를 개발했다. 16기가비트급 낸드플래시는 손톱만 한 칩에 164억 개의 트랜지스터를 집적할 수 있다. 16기가 낸드플래시로 32기가 메모리카드를 만들 경우, 일간지 200년 분량이나 MP3 음악파일 8,000곡, 또는 영화 20편을 저장할 수 있다. 이 기술은 삼성전자가 플래시 메모리 분야에서 선두를 지킬 수 있는 버팀목이 되었다. 이를 성공시킨 인물이 바로 임영호 상무보다. 임영호 상무보는 달성고등학교와 경북대학교 전자공학과를 졸업했다.

장태석 상무보는 7세대 LCD 라인 공정 개발 및 양산화에 성공한 결과를 인정받아 임원이 될 수 있었다. 삼성전자는 2005년, LCD 부문 매출액 세계 1위 기록을 4년째 이어갔다. 일등공신은

2005년 10월에 세계에서 가장 빨리 40인치 이상 대형 LCD를 생산하는 7세대 라인을 가동시킨 것이다. 현재 7세대 라인에서는 월 최대 15만 매씩의 LCD가 생산된다. 장태석 상무보는 상문고등학교와 서울대학교 섬유공학과를 거쳐 미국 미시간대학교에서 고분자공학 박사학위를 받은 전형적인 테크노 경영자다.

이 같은 실적 위주 인사는 전 그룹의 공통적인 분위기다.

1986년에 모 그룹에 입사해 20년 만인 2006년 초에 임원이 됐다는 L씨는 "아직 부장급 선배들도 꽤 많은 상황이다. 이제 연공서열은 임원 인사에 전혀 영향을 끼치지 못한다."고 전했다.

성과 위주의 인사는 학력 파괴라는 새로운 트렌드도 낳고 있다.

2006년에 삼성그룹에서 상무보로 승진하면서 신임 임원 명단에 이름을 올린 사람은 총 198명인데, 이 중 56명이 지방대 출신이다. 흔히 SKY로 불리는 서울대, 고려대, 연세대 출신과 비슷한 수치다. LG그룹에서도 서울대 졸업생은 5%에 불과한 반면, 부산대, 경북대 등 지방대를 나온 신임 임원은 30%나 됐다. 현대차그룹도 사정은 비슷하다. 2006년 전체 신임 임원 78명 중 절반에 가까운 35명이 지방대 출신이다. 신세계는 9명의 신임 임원 중 SKY 대학을 나온 인물이 한 명도 없다.

고등학교 졸업 이력도 간혹 보인다. 이규석 에스원 상무보(마산상고), 은지표 조선호텔베이커리 상무보(부안농림고), 정태영 CJ(주) 상무(강경상고), 장천우 현대자동차 이사(부산공고), 이낙정 현대엘리베이터 상무보(풀무고) 등이다.

　이처럼 '성과 위주 인사'의 정착이 시사하는 바는 크다. 학벌이 뛰어나지 않아도, 눈에 띄는 자격증이 없어도 '열심히만 하면 충분히 임원이 될 수 있다.'는 자신감을 불어넣어주는 요인이기 때문이다. 대한민국 수백만 샐러리맨들의 '임원 되기 첫걸음'은 이제부터다.

Chapter 2

임원이 되면
무엇이 달라지나?

대기업 임원 승진은 출세의 대명사

대기업 임원 승진은 출세의 대명사

흔히 대기업에서 임원으로 승진하면 '별을 달았다'고 한다. 군
대문화에 익숙한 한국의 조직문화가 반영돼 있는 표현이다. '별
을 달았다'는 표현에 '출세했다'는 의미가 녹아 있다.

군 복무를 마친 사람들이라면 '별'이 얼마나 대단한 자리인지
잘 알 것이다. 별 하나만 예하 부대에 떠도 1주일간 연병장 청소,
내무반 정리, 보고자료 작성 등으로 밤낮을 꼬박 새야 할 정도다.
군대에서 별을 달면 99가지 대우가 달라진다는 말은 괜한 소리
가 아니다.

대기업 임원의 위상은 군대에서 별을 단 것만큼이나 대단하다.
30대 대기업의 경우, 입사 후에 임원까지 승진하는 경우는 전체
신입사원의 5%도 안 된다. 100명의 입사 동기가 있었다면, 그 가
운데 임원 자리까지 올라가는 사람은 5명밖에 안 된다는 얘기다.

그렇게 임원은 특별한 자리다. 대기업 임원 승진은 출세의 대명사로 자리 잡았다.

그렇다면 대기업에서 임원으로 승진하면 어떤 대우를 받게 될까? 말단 사원으로 시작해서 20년 이상 회사에 '충성'해온 데 대한 훈장인 만큼, 대기업들은 임원들의 처우 개선에 주력한다. 실제로 최근 들어 임원들의 임금 상승률은 일반 직원들의 임금 상승률을 훨씬 웃돌고 있다. 직원들과의 임금 격차 역시 계속 커지고 있다. 임원들의 권한과 책임이 커지는 추세이므로 이런 차이 역시 더욱 커질 수밖에 없다.

부장과 임원은 비록 직급으로는 한 단계 차이일지 몰라도 대우는 천양지차다. 2006년 삼성전자에서 새로 임원이 된 K씨는 "임원 처우에 관해서 70여 개 정도 항목이 있었던 것 같다."고 설명한다.

연봉 최고 2배 인상

임원이 되면서 생기는 가장 큰 차이는 역시 연봉이다. 사실 샐러리맨의 성공 여부는 월급의 많고 적음에 달렸다고 해도 과언이 아니다. 회사의 위상에 따라 워낙 큰 차이를 보이고 있어서 일괄적으로 평균을 내기는 어렵지만, 10대 기업에서 처음 임원으로 승진할 경우, 평균 연봉은 1억원을 훌쩍 넘기게 된다. 물론 단계가 높아질수록 수입의 차이는 더욱 커진다.

삼성전자의 경우, 부장에서 최초 임원 단계인 상무보로 승진하면 임금 수준은 1억 3,000만원으로 껑충 뛴다. 삼성전자의 전체 임원 수는 720여 명. 전체 임직원의 1%도 안 된다. 순수 연봉만 1억 3,000만원 내외지, PI와 PS로 구분되는 연말 성과급을 고려하면 최근 5년간 삼성전자 임원들은 연간 2억원 이상을 받았다고 보아도 무리가 아니다.

여기에 삼성전자는 신임 임원들에게 스톡옵션을 부여해왔다. 스톡옵션을 수입으로 환산할 경우, 금전적 보상액은 훨씬 커진다.

삼성전자에서 상무보가 '보'를 떼는 기간은 평균적으로 3년. 상무로 승진하면 추가로 3,000만~5,000만원 정도 연봉이 상승하는 것으로 알려졌다. 만약 더욱 성공해서 삼성전자 등기임원으로까지 승진한다면 말 그대로 3대(代)가 먹고살 수 있을 정도로 수입이 많아진다. 언론에 알려진 삼성전자 사내 등기임원 6명의 2005년 평균 연봉은 무려 81억원. 물론 이건희 회장이 받아가는 액수가 월등히 많겠지만, 이 정도면 '정승판서'가 안 부럽다. 이런 이유로 삼성전자의 '평범한' 임원들은 자신들은 '별똥별', 등기이사는 '북극성'이라고 부르기도 한다.

LG전자와 현대자동차의 경우, 최초 임원 연봉은 1억~1억 2,000만원 수준인 것으로 알려져 있다. 여기에 부서별로 다르지만 대외업무가 많은 부서의 임원의 경우, 월 500만원 상당의 품위 유지용 법인카드를 발급받을 수 있다. (주)LG의 사내 등기이사 평균 연봉은 25억 1,400만원, 현대자동차의 사내 등기이사 평균 연봉은 14억 9,400만원으로 조사됐다. 정재창 PSI컨설팅 사장은 "임원들의 경영책임이 커진 만큼 임원에 대한 처우 역시 큰 폭으로 개선되는 추세"라고 설명했다.

차량 제공 등 기타 특혜

연봉뿐 아니라 다양한 분야에서의 대우도 확 달라진다. 삼성그룹은 신임 임원들에게 그랜저TG와 SM7 가운데 하나를 전용 차량으로 제공한다. LG전자는 쏘나타급 전용차와 차량유지비를 제공한다. 차량 비용이 평균 3,000만원, 그리고 기름값, 보험료, 정비 비용 등 월평균 차량유지비가 70만원 이상이라는 점을 고려하면 이 역시 무시할 수 없는 '특혜'다.

그러나 정작 자동차회사인 현대차그룹은 전무급부터 2,700cc 그랜저 차량이 지원된다. 이사대우에서 전무까지 승진하는 기간은 대략 5~7년. 이에 따라 현대차그룹에서 새로 임원에 선임된 사람들 사이에서는 '회사차 지원은 받아보고 그만둬야 하는데…'라는 기대 섞인 말이 회자되곤 한다.

한화그룹은 부사장급 이상에게 회사 차량을 지원한다. 반면에 '짠물 경영'으로 유명한 롯데그룹은 대표이사가 돼야 회사에서 차량이 지원되는 것으로 알려져 있어, 임원 대우에 있어서도 기업 간 차이가 큰 편이다. 대신 롯데그룹은 임원들의 임기 보장이

다른 기업들에 비해 훨씬 '확실한' 편이다.

10대 그룹 영업부서의 임원들은 대부분 골프회원권도 제공받는다. 골프장 회원권이 적게는 5,000만원, 많게는 3억원 대를 호가하는 점을 고려하면, 비록 회원권을 소유하는 것은 아니더라도 대단한 특혜가 아닐 수 없다.

해외 출장 때 이코노미석보다 1.5~2배는 비싼 비즈니스클래스를 이용하고 특급호텔에 투숙할 수 있다는 것도 임원이 된 후 생기는 특혜들이다.

독립된 업무 공간 확보

금전적인 보상뿐 아니라 임원의 사내 위상은 부장 때와는 몰라보게 달라진다. 우선 개인 집무실을 확보하게 되는 경우가 많다. 임원의 집무실은 보통 8~10평 넓이로, 기업이나 개인마다 차이가 있다. 개인 집무실을 제공하지 않는 회사나 제공받지 못하는 자리도 있지만, 최소한 '칸막이'가 있는 공간을 이용할 수 있다.

20년 이상 샐러리맨으로 일하면서 처음으로 자신만의 공간을 갖게 됐다는 건 상당한 의미를 갖는다. 2006년에 금호아시아나 그룹에서 이사로 승진한 C씨는 "20년 동안 책상 하나만 쓰다가, 비록 조그만 공간이지만 책장, 소파 등이 갖춰진 개인 집무실을 갖게 됐을 때 임원이 됐다는 걸 가장 보람 있게 느꼈다."고 설명한다.

경우에 따라서는 비서가 생기기도 한다. 요즘은 인력 절감 차원에서 신임 임원의 경우 전담 비서가 있는 경우는 거의 없지만, 그래도 잔심부름을 시킬 정도의 '권위'는 생긴다.

자부심 증진

이런 가시적인 변화 외에 보이지 않는 변화도 있다. 우선 자부심, 자신감이다. 자신이 몸담고 있는 기업에서 '인정받고 있다'는 자신감은 돈으로 환산할 수 없는 가치다. 2006년 현대차그룹 계열사에서 임원으로 승진한 O씨는 "사실 나이가 들면서 자신감은 계속 떨어질 수밖에 없는데, 임원 발령을 받았을 때는 지구라도 들어 올릴 수 있을 것 같았다."고 회고했다. 사내에서 자신을 대하는 임직원들의 태도도 달라진다. 후배들에게 '선망의 대상'이 될 수 있다. 특히 타부서와 일을 진행해야 할 때 '임원'의 직함은 협조를 쉽게 끌어낼 수 있게 하기도 한다.

임원이 되면 적어도 자신의 영역 안에서는 회사를 대표하는 위치에 서게 되는 만큼, 대외활동이나 교류하는 사람들의 수준도 달라진다. 부서장일 때는 상대방 회사의 부서장을 만나지만, 임원이 되면 훨씬 더 책임 있는 위치에 있는 사람을 만날 수 있다. 이는 좀 더 쉽게 성과를 이끌어낼 수 있는 원동력이 된다.

전관예우

임원으로 승진을 하고 퇴사했느냐, 그렇지 않느냐는 퇴사 후의 생활에도 큰 차이가 있다. 기업별로 정도는 다르지만 일종의 '전관예우'가 관행처럼 남아 있기 때문이다.

퇴직 임원에 대한 전관예우는 주로 삼성의 '성우회'나 LG의 'LG클럽', SK의 '유경회'와 같은 퇴직 임원 모임을 통해 금전적인 지원을 포함하여 다양한 지원이 이루어진다.

예를 들어 삼성그룹의 경우, 상무급은 1년, 전무급은 2년, 부사장과 사장급은 3년 정도까지 현직에 있을 당시의 70~80% 수준의 급여를 지급한다. 또 두산그룹은 2년 이상 임원으로 활동하고 퇴직했을 경우 퇴직 후 2년 동안 70%의 임금을 지급하고 있으며, 금호아시아나그룹은 부사장급 이하 임원은 퇴직 후 1년 동안 연봉의 50%를, 사장급은 1년 동안 80%를 지급한다. 임원까지 지내며 일생을 회사를 위해서 일했던 사람들을 '명예'가 훼손될 정도로 곤궁하게 살게 두지는 않는다는 얘기다.

이 외에도 퇴직 임원들이 새 일자리를 찾을 때까지 전직 관련 교육을 무료로 받게 해주는 것은 물론, 사무실과 비서를 지원해주거나 심지어 골프모임까지 주선해주기도 한다. 전직프로그램은 보통 6개월 과정인데, 회사는 임원 1인당 1,000만원가량의 비용을 전문업체에 주고 프로그램 일체를 맡기는 것으로 알려져 있다. 외국의 경우, 대부분의 대기업이 이 같은 전직서비스를 이용하고 있다.

　이와 같은 기업 측의 전관예우에 대해 한 대기업 인사팀 관계자는 "청춘을 다 바쳐 헌신한 데 대한 기업 측의 최소한의 예의라고 본다."고 설명했다.

Chapter 3

임원이 되기 위해
갖춰야 할 10대 자질

대한민국 100대 기업 임원 200명이 생각하는 임원 되기의 지름길

과연 어떤 사람들이 임원이 될까?

임원이 되려면 어떤 자질을 갖춰야 하는지에 대해서는, 임원 자리에 올라 아직 그 자리를 지키고 있는 현직 임원들에게서 이야기를 듣는 것이 가장 정확하지 않을까? 이런 생각을 바탕으로 '임원이 되기 위해 갖춰야 할 10대 자질'이라는 주제의 설문조사를 실시했다.

〈매경이코노미〉 기자 8명이 삼성전자, 현대건설, SK텔레콤, 기아자동차, LG상사, GS칼텍스, 롯데쇼핑 등 한국의 대표적 대기업 62곳에 근무하는 현직 임원 200명을 대상으로 2주간에 걸쳐 심층 설문을 진행했다.

임원이 되기 위해 가장 필요한 자질은 무엇이라 생각하는지, 그렇다면 스스로는 과연 어떤 자질을 인정받아 임원이 됐다고 생각하는지, 외국어실력은 어느 정도인지 등 다양한 항목에 대해 설문조사를 한 결과, 재미있는 자료를 얻을 수 있었다. 예를 들어 한국의 임원들은 임원의 자질로서 '리더십'이 가장 중요하다고 생각하지만, 정작 자신은 '성실성'을 인정받아 임원이 됐다고 생각하고 있는 식이다.

바늘구멍 같은 임원의 관문을 뛰어넘어 이제 CEO로의 길을 열심히 가고 있는 한국의 대표 임원 200명이 생각하는 '임원 되기의 지름길'에 대한 설문조사 결과를 자세히 살펴보자.

설문에 참여한 기업 (가나다순)

교보생명, 금호건설, 금호산업, 금호타이어, 기아자동차, 대림산업, 대한전선, 대한항공, 동부일렉트로닉스, 동부정보기술, 동부제강, (주)두산, 두산인프라코어, 두산중공업, 롯데쇼핑, 르노삼성자동차, 미래에셋증권, 보령제약, 삼성생명, 삼성전자, 삼성증권, 삼성카드, 삼성화재, 삼양사, 신세계, 쌍용건설, 아시아나항공, 이랜드, 이랜드개발, 이랜드월드, 코오롱, 코오롱정보통신, 팬택, 포스데이타, 하나은행, 하이닉스반도체, 한진, 한진중공업, 한화건설, 한화국토개발, 한화유통, 한화증권, 현대건설, 현대백화점, 현대중공업, 현대해상, 현대홈쇼핑, 호남석유화학, 효성, FnC코오롱, GM대우, GS건설, GS칼텍스, LG상사, LG생활건강, LG석유화학, LS전선, SK건설, SK네트웍스, SK텔레콤, SK C&C, STX

1. 설문 결과 심층 분석

설문 결과, 임원이 되기 위해 갖춰야 할 10대 자질은 다음과 같이 조사되었다. 순위별로 하나씩 살펴보자.

설문 결과 – 임원이 되기 위해 갖춰야 할 10대 자질

1. 리더십
2. 열정
3. 추진력
4. 뛰어난 전문지식
5. 원만한 대인관계
6. 성실성
7. 폭넓은 네트워크
8. 믿을 만한 사람이라는 평판
9. 논리적이고 설득력 있는 언변
10. 뛰어난 외국어실력

1. 리더십

리더십은 여러 가지 내용으로 표현된다. 솔선수범하는 태도, 투명성과 윤리성, 조직원들에 대한 명확한 비전 제시 등이 모두 리더십에 속한다.

인재 육성도 중요한 포인트다. '팀제'가 조직의 중심 제도로 자리 잡은 요즘, 대부분의 성과는 팀 단위로 집계된다. 혼자서 아무리 뛰어난 성과를 낸다 해도 팀 전체의 성과가 미미하면 개인의 성과는 묻히게 마련이다. 반면 자신의 성과는 그저 그렇더라도 팀의 성과가 좋으면 함께 부각될 수 있다. 결국 관리자로서 좋은 성적을 내기 위해서는, 팀 조직원 하나하나가 훌륭한 성과를 낼 수 있도록 도와줘야 한다. 여기서 리더십에서 '인재 육성'의 중요성이 대두된다.

이와 관련하여 이종보 한화종합화학 상무보의 이야기는 시사하는 바가 크다. "내가 가진 지식을 전수해주면 후배가 내 경쟁자가 된다는 막연한 불안감을 가질 수도 있지만, 이는 아주 좁은 시각이다. 인재를 육성해서 자신의 일을 맡기고, 자신은 좀 더 상위 업무를 진행하는 것이 장기적으로 큰 도움이 된다."

같은 맥락에서 조직원들에게 명확한 비전을 제시해주는 것도 무척 중요하다. 조직은 결코 혼자 만들어가는 것이 아니기 때문이다. 여기서 비전은 '모든 조직원이 공감하는 비전'이어야 한다. 피부로 느껴지는 공동의 비전이 제시되고 조직원이 그 비전에 공감할 때 나타나는 시너지는 상상 이상일 수 있다. '무조건 나를 믿고, 나를 따라, 열심히 일하라.'는 것은 버려야 할 구시대적 습성이다.

이 같은 비전을 제시할 수 있기 위해서는 '업계 전반을 통찰할 수 있는 능력'이 필요하다. 끊임없는 독서와 공부가 필요한 대목이다. 맞지 않는 비전을 설정하고 모두를 독려해나가는 것은 기름통을 짊어지고 불에 뛰어드는 것이나 마찬가지일 정도로 위험한 일이다.

장기적인 안목에서 업계 트렌드를 이해하고 전망한 후, 그에 맞춘 비전을 제시하고 조직원들과 함께 비전을 향해 달려나갈 수 있는 관리자라면 임원 감으로 손색이 없다.

2. 열정

업무에 대한 '열정'은 10대 자질 중 특히 흥미로운 항목이다.

〈매경이코노미〉에서는 2006년 2월, 새로 임원이 된 새내기 임원들을 대상으로 같은 설문조사(임원이 되기 위해 갖춰야 할 자질은 무엇이라고 생각하는가?)를 진행한 적이 있다. 당시에는 객관식이 아닌 주관식으로 설문이 진행되었다. 그때 '열정'은 9위에 올랐었다. 그런데 '열정'을 보기에 넣어 진행한 이번의 객관식 설문에서는 '열정'이 당당히 2위를 차지했다. '리더십'만큼 주어진 보기가 없어도 바로 떠오르지는 않지만, '열정'을 임원으로서 갖춰야 할 정말 중요한 자질로 생각한다는 것으로 해석해볼 수 있다.

그렇다면 왜 열정인가?

일에 대한 열정은 끊임없는 자기 계발과 적극적인 일 처리로 이어진다. 이와 관련하여 이석구 두산인프라코어 상무는 "열정이 있으면 조직과 관계없이 자신이 활용할 수 있는 모든 자원을 동원해 사업을 주도적으로 이끌어가는 적극적인 자세가 나온다."고 설명했다.

성공한 CEO들이 펴낸 책들을 보면 하나같이 '열정'을 성공의 최우선 요소로 꼽는다. 이 또한 열정이 얼마나 중요한 포인트인지를 보여주는 반증이다.

책을 펴내는 CEO들이 적지 않다. 2006년에도 여러 CEO들이 책을 출간했다. 그중에서도 최고의 베스트셀러가 된 책은 이채욱 GE코리아 회장이 쓴 《백만 불짜리 열정》이다. GE에서 삼성전자에게 달라고 했다는 바로 그 사람, 이채욱 회장이 꼽은 자신의 최고 성공 비결 역시 '열정'이었다. '뜨거웠던 첫 마음을 기억하라.'가 이 회장이 후배들에게 들려주고자 하는 핵심 메시지다. 백만 불짜리 열정을 지니고 있는 사람이 성공하지 못한다면 그게 오히려 이상할 것이다.

3. 추진력

임원이라면 직원들이 어떤 안을 만들어냈을 때 바로 가부를 판단하여 세게 밀고 나가거나 포기할 수 있어야 한다. 그렇지 않고 결정을 내리지 못해 어물쩍거린다면 조직원들로부터 좋은 점수를 받을 수 없다.

추진력은 또한 의사 결정의 혼란을 줄이고 업무 진행의 효율성을 높여줄 수 있다는 측면에서 '성과'와도 직결된다.

추진력을 발휘할 수 있으려면 상황 판단을 제대로 할 줄 알아야 한다. 이 사안을 밀고 나가도 될 것인지 안 될 것인지를 평가할 줄 알아야 한다는 얘기다. 이는 다시 '업계 전반을 통찰할 수 있는 능력'과 연결된다. 트렌드를 제대로 파악하지 못한다면 이 안을 끌고 나가는 게 맞는지 아닌지를 판단할 수조차 없기 때문이다. 더불어 잘못된 판단을 한 채 끌고 나간다면 이 또한 성공적인 업무 수행과는 거리가 멀다.

물론, 무조건 앞으로 돌진하기만 하는 추진력을 얘기하는 것은 아니다. 정종원 현대F&G 이사대우는 "중간 중간 직원들의 애로사항을 듣고 문제를 해결해주기 위해 노력해야 한다."고 덧붙였다.

4. 뛰어난 전문지식

유경선 유진그룹 회장은 "어떤 사람을 임원으로 뽑느냐?"는 질문에 "'뭐 하면 누구' 하고 바로 떠오를 만큼 그 분야에서 이름을 얻은 사람이 최우선 고려 대상이 된다."고 답했다.

"가끔 해당 인물의 인간성이 영 아닌 경우도 있다. '어떻게 저런 인간이 임원이 될 수 있느냐?'는 원성이 들려오기도 한다. 그러나 나는 그런 것은 감안하지 않는다. 임원은 일만 잘하면 된다. 인간성이 좋고 리더십까지 뛰어나 부하직원들로부터 두터운 신망까지 얻는다면 더할 나위 없겠지만, 그렇지 못하더라도 일을 잘하면 임원으로서의 가치는 충분하다."

이렇게 생각하는 사람이 유 회장만은 아닐 것이다. 기업을 이끌어가는 오너나 전문경영인의 입장을 생각해보면, '뛰어난 업무지식'을 가진 사람이 왜 선호되는지 바로 알 수 있다.

결국 임원 자리에까지 오른 사람들은 일단 업무능력은 검증받은 사람들이라고 봐야 한다. 해당 분야의 전문가가 아니고서는 임원 자리에까지 오를 수 없다는 게 공통된 목소리다. '뛰어난 업무지식이 있다고 모두 임원이 되는 것은 아니지만, 임원은 모두 뛰어난 업무지식을 지닌 사람들'이라는 명제가 성립하는 셈이다.

5. 원만한 대인관계

원만한 대인관계도 5위로 꼽혔다. '조직에서는 모가 나지 않은 사람이 우대된다.'는 속설이 다시 한 번 입증되는 지점이다.

여기서 원만한 대인관계란 여러 가지 의미를 내포한다. 조직

상하 간, 계층 간 커뮤니케이션을 모두 포함한다.

우선 조직 내부에서의 원활한 커뮤니케이션이 기본이다. 회사 경영진과 조직원 사이의 중간자적 입장에서 서로를 이해시킬 수 있는 이해 조정 능력도 필수다. 관계 부서와의 우호적인 관계 유지 역시 무시할 수 없다.

한편, '좋은 인간관계를 유지하기 위해 무조건 좋은 게 좋은 것이라는 식은 안 된다.'는 지적도 있다. 한 임원은 이렇게 설명한다. "잘못된 부분을 올바르게 짚어줄 수 있어야 한다. 처음엔 상대가 기분 나쁘게 받아들일 수 있지만, 결국 도움이 되는 사람이라 생각하고 먼저 도움을 청해 오는 경우가 많다. 이런 경험들이 모여 좋은 인간관계를 이루는 기반이 된다."

6. 성실성

언제부턴가 '성실성'이 별로 대접받지 못하는 시대가 됐다. 오히려 성실한 사람은 빠르게 변화하는 이 시대의 부적응자처럼 보이기 일쑤다. 특히 98년 외환위기 이후 사람들의 가치관이 급변하면서 '성실'이라는 두 글자의 빛이 급속도로 퇴색했다. 하긴 아무리 성실하게 일하고 열심히 살아봤자 안정적인 노후조차 보장이 안 되는 시대이니, 어쩔 수 없는 시대의 변화상이라 하겠다.

세상 사람들이 그 소중함을 점차 느끼지 못해가고 있음에도 불구하고, '성실'은 직장생활에서는 여전히 최고로 가치 있는 항목

중 하나다.

무슨 일을 하든 기본을 지키는 것이 제일 중요하다. 그렇다면 직장인의 기본은 무엇일까? '성실성'이라 답하고 싶다. '성실'이 임원이 되기 위한 10대 자질의 한 자리를 차지할 수밖에 없는 이유다. 기본을 지키지 않으면서 성공하려는 것은 '밑 빠진 독에 물 붓기'와 같을지도 모른다.

7. 폭넓은 네트워크

"결정적 순간에는 개인의 업무능력보다 인적 네트워크를 활용하는 것이 더 효과가 좋을 때가 많았다."고 얘기하는 사람들이 많다. 특히 요즘 같은 정보사회, 지식사회에서는 휴먼 네트워크가 무엇보다 중요하다. 요즘은 그야말로 '정보의 홍수'의 시대다. 정보가 넘치고 넘쳐서 정보 속에서 허우적거리기 일쑤다. 이런 상황에서 중요한 정보를 혼자서 다 습득한다는 것은 불가능한 일이다. 그것이 가능하다면 직장인으로 남아 있지 않고 노벨상 정도는 받는 인물이 될 수 있을 것이다.

그렇다면 어떻게 해야 하는가? 이 사람 저 사람이 갖고 있는 조각조각의 정보를 잘 모아 활용하면 된다. 그것은 어떻게 가능할까? 폭넓은 인적 네트워크를 형성·유지하고, 해당 지식이나 정보를 잘 아는 사람이 누구인가를 잘 알고 있으면 된다. know-what보다 know-where가 중요해진 시대에 know-where를 제대로 해결해주는 것이 바로 폭넓은 네트워크다.

　K사는 유럽시장 진출에 사활을 걸기로 하고 A부장과 B부장에게 유럽시장 동향에 대한 보고서를 제출하라고 지시했다. K사는 그동안 동남아시아시장에만 주력해왔기 때문에 유럽시장에 대한 정보가 전혀 없던 터였다. A부장과 B부장 역시 유럽에 대해 잘 모르긴 마찬가지였다. 이런 상황에서 A부장은 홀로 인터넷을 뒤지고 책을 찾아 읽으며 열심히 유럽시장 동향을 알아보기 위해 동분서주했다. 그러나 유럽 전문가들을 여러 명 알고 있던 B부장은 그들에게 도움을 요청했다. 그들로부터 전문가의 시각에서 본 유럽시장 트렌드를 들어서 정리하고, K사의 아이템이 유럽시장에서 먹힐 수 있으려면 어떤 식으로 접근해야 하는지에 대한 조언을 들어 첨부했다. 과연 A부장과 B부장, 둘 중 누구의 보고서에 회사가 만족했을까?

8. 믿을 만한 사람이라는 평판

　《하버드 리더십 노트》라는 책이 있다. '하버드대학교 케네디스쿨에서 제시하는 성공 리더의 조건'을 다룬 책이다. 이 책의 한 부분을 인용해본다.

　하버드 경영대학원 존 코터 교수는 기업이 원하는 대규모 변화를 성공적으로 이끄는 8단계를 다음과 같이 제시했다…(중략)…

1단계는 위기감을 조성하는 것이고…(중략)…2단계는 변화선도팀을 구성하는 것이다. 이때 팀은 훌륭한 자질을 갖춘 사람, 인간관계 능력이 뛰어난 사람, 평판이 좋은 사람, 공식적인 권위를 가진 사람 등으로 구성해야 한다.

이 글은 시사하는 바가 크다. 변화선도팀에 필요한 세 가지 타입 모두가 임원이 되기 위한 10대 자질에서 찾은 타입들과 일치하기 때문이다. 훌륭한 자질을 갖춘 사람이 뛰어난 전문지식을 가진 사람이고, 인간관계 능력이 뛰어난 사람이 원만한 대인관계를 자랑하는 사람이라면, 평판이 좋은 사람은 바로 '믿을 만한 사람이라는 평판'을 얻은 사람을 의미한다 할 수 있다.

평판은 내가 쭉 일해온 회사에서 임원으로 커나가기 위해서도 중요하지만, 다른 회사의 임원으로 스카우트되기 위해서도 필수적이다. 적어도 '믿을 만한 사람이라는 평판'이 없는 사람을 스카우트할 회사는 없다고 봐도 무방하다. 실제로 임원 스카우트의 주체적인 역할을 하는 헤드헌팅업체들이 가장 중시하는 것 역시 '믿을 만한 사람이라는 평판'이다.

9. 논리적이고 설득력 있는 언변

임원들의 경력을 보면 유독 기획실, 회장실 출신이 많다. 얼핏 보면, 기획실과 회장실이 워낙 기업의 핵심이고 최고 의사결정권

자와 가까운 자리이다 보니, 결과적으로 임원이 될 기회가 많아
서가 아닌가 싶다. 아주 틀린 얘기는 아니다.

그러나 한 꺼풀 뒤집어보면 다른 면이 눈에 들어온다. 전략·
기획 분야에서 전문가로 성장한 사람들이 임원이 될 확률이 높은
것은 바로 이들이 '논리적이고 설득력 있는 언변'을 갖췄기 때문
이다. 무엇이 먼저인지는 닭과 달걀의 문제다. '논리적이고 설득
력 있는 언변'을 갖춘 인물이기 때문에 눈에 띄어 핵심 부서인 기
획실이나 회장실로 차출됐을 수도 있고, 워낙 전략과 기획을 주
업무로 하는 부서에서 일하다 보니 그런 능력이 자연스레 길러졌
을 가능성도 배제할 수 없다.

어차피 임원의 대상이 되는 인재들의 능력은 비슷하다고 봐야
한다. 차이는 그 능력을 어떻게 밖으로 표출시키는가 하는 점이
다. 능력은 무엇을 통해 밖으로 표출되나? 대표적인 것이 바로
'언변'이다. 물론 말만 능수능란하고 행동이 뒤따르지 않는다면
문제겠지만, 능력이 뒷받침해준다면 이 같은 금상첨화도 없을 것
이다.

이와 관련하여 '공식적인 자리이건 비공식적인 자리이건, 프
레젠테이션 기술이 매우 중요하다.'는 응답이 나온 것도 주목해
야 할 내용이다. 임원이 되기를 꿈꾸는 당신! 오늘 당장 프레젠테
이션 기술을 연마하기 위한 작전에 돌입해보는 것은 어떨지. 물
론 훌륭한 프레젠테이션은 번지르르한 말만으로는 불가능하다.

프레젠테이션에 담을 만한 진주 같은 내용이 없다면 아무런 의미가 없다. 진주 같은 내용을 담기 위해 여기저기 뛰는 동안 실력은 실력대로 쌓이고, 더불어 '논리적이고 설득력 있는 언변'도 저절로 길러지지 않을까. 결국 논리적이고 설득력 있는 언변의 관건은 그 설명을 뒷받침하는 근거가 얼마나 탄탄한가에 달려 있기 때문이다.

10. 뛰어난 외국어실력

뛰어난 외국어실력은 임원이 되기 위한 필수조건은 아니다. '외국어실력이 임원이 되고 못 되고를 좌우하는가?'라는 질문에 100이면 100 모두 '아니다.' 라고 답했다. 심지어 뛰어난 외국어실력을 자랑하는 이들마저도 "외국어실력을 인정받아 임원이 된 것은 아니다."라면서 외국어실력과 임원 되기의 관계성을 부인한다. A그룹 오너 회장은 "외국어는 배우면 된다. 그래도 안 되면 통역을 붙이면 된다. 중요한 건 능력이지 외국어실력이 아니다."라고 얘기하기도 했다.

그렇다면 어째서 열 번째 자질이 뛰어난 외국어실력인가? '필요조건은 아니지만 충분조건은 된다.' 정도로 얘기해볼 수 있겠다. 꼭 갖춰야 할 자질은 아니지만, 갖추고 있으면 플러스 요인이 된다는 것이다. 겉으로는 '외국어실력이 꼭 좋아야 하는 건 아니다.' 라고 하면서도 스스로는 '사내 영어시험에서 최상위 등급을 받았다.'고 고백한 임원이 상당수임은 돌이켜 음미해볼 필요가 있겠다. 또한 외국어실력이 좋으면 해외지사에서 근무하거나 해외영업 관련 업무를 맡게 될 확률이 높다. 두 분야 모두 승진으로 가는 지름길로 여겨지는 부서라는 점에서 어학실력의 영향력이 여지없이 드러난다. 결국 글로벌 시대에 뛰어난 외국어실력은 곧 생존의 문제다.

2. 그 외에 중요한 자질들

현재 위치보다 몇 단계 위처럼 생각하고 행동하라

설문 보기에 없다 보니 10대 자질로 꼽히지는 않았지만, 인터 뷰에 응한 대부분의 임원들이 '임원이 되기 위해서는 어떻게 생활해야 하느냐?'는 질문에 '현재 위치보다 몇 단계 위에 있다고 가정하고서 생각하고 행동하라.'고 답했다. 사원이라고 사원만큼만 생각하고 행동하고, 대리라고 대리만큼만 생각하고 행동할 것이 아니라, 사원이면 과장이나 차장만큼, 대리면 부장이나 임원만큼 생각하고 행동하라는 얘기다. 그러면 사고가 깊어지고 시야도 넓어지며, 무엇보다 자신의 말과 행동에 대한 책임감의 무게가 달라지기 때문에 어떤 방식으로든 사내외 사람들에게 어필할 수밖에 없다는 것이다. 결국 인사도 인간의 일이라, 많이 어필한 사람이 그렇지 못한 사람보다 훨씬 유리할 수밖에 없다는 얘기다.

상사의 생각을 파악하고 교감하는 능력을 갖춰라

'상사의 생각을 파악하고 교감하는 능력이 필요하다.'고 답한 임원들도 꽤 많았다. 이 자질은 10위 안에는 들지 못했지만, 바로 다음 순위인 11위에 올랐다.

올 초 처음 임원이 됐다는 한 신임 임원은 "상사의 생각을 파악하고 교감하는 것이 중요하다. 상사의 관심사와 이해영역을 간파할 필요가 있다. 보고서를 쓸 때도 상사가 이해할 수 있는 용어로 써야 한다."고 이야기해서 눈길을 끌었다.

기타 의견들

이밖에도 현실적이면서 공감이 가는 의견들이 많았다. 그 속에 담겨 있는 의미들을 음미해보자.

"경영진이 내 실적을 실제와 같거나 실제 이상으로 생각할 수 있도록 이미지를 관리해야 한다. 나는 해외의 고객이 인상적인 감사 표현 등을 해올 경우 이를 최대한 부각시켰다."

"오너가 어떤 부분을 중점적으로 보는가도 중요하다. 예를 들어 오너가 '열린 경영, 오픈 마인드'를 주문한다면, 그 부분을 집중적으로 파고들어 무엇이든 성과를 보여줘야 한다."

"승진에서 누락됐어도 철저하게 표정 관리를 했다. 실망, 의기소침, 불만의 표정을 전혀 내보이지 않았더니 의사결정권자가 도리어 미안함을 느끼는 것 같았다."

"어쨌든 윤리 부문과 관련하여 한 번이라도 잡음이 나는 건 치명적인 일이다. 그런 경험이 있는 사람이 임원이 된 경우는 보지 못했다."

"대기업에서는 나설 만한 기회가 많지 않다. 기회가 왔을 때 잘 활용해서 눈에 띌 필요가 있다. 이때 능력을 발휘하여 인사권자의 눈에 들 수 있도록 평소 계속 노력해야 한다."

"음악, 미술, 역사 등 문화적 소양이 한 가지는 필요하다. 가능하면 아마추어를 뛰어넘는 수준이어야 한다." (같은 맥락에서 "골프, 등산, 바둑 등 일가견이 있는 취미가 도움이 된다."는 얘기도 나왔다)

"원칙을 견지하면서도 융통성이 있어야 한다. 원칙 없이 이리저리 윗사람 눈치만 보면 조직 내에서 신뢰를 잃어버리게 된다. 그렇다고 너무 융통성이 없어도 안 된다. 원칙만 중시하고 융통성이 부족하면 조직이 경직된다. 조직원들에게 숨 쉴 공간을 주어야 한다."

일본어와 중국어 실력을 키워라

영어는 이제 기본이다. 그렇다면 임원이 되기 위해 영어 외에 어떤 언어를 배우는 것이 유리할까? 아직까지는 유럽권 언어보다 아시아권 언어의 유용성이 비교할 수 없이 크다.

설문에 답변한 임원의 3분의 1 이상이 '일본어에 능숙하다.'고 답했다. 전 업종을 가리지 않고 다양한 분야에서 이 같은 답이 나온 것을 감안하면, '임원이 되기 위해 가장 유용한 언어는 일본어'라 해도 과언이 아닐 듯싶다.

다음은 중국어가 뒤를 이었다. 비중은 일본어에 능하다고 답변한 임원의 절반에 불과하지만, 중국과의 교역량이 하루가 다르게 늘어가고 있는 현 시점에서 시사하는 바는 크다.

그 외에 독일어, 프랑스어, 스페인어를 할 줄 안다고 답한 임원은 각각 9명, 4명, 3명에 불과했다.

임원은 아침형 인간?

의외로 '아침형 인간' 항목은 10대 자질에 꼽히지 못했다. '아침형 인간'이 중요하다고 답한 임원은 200명 중 고작 2명에 불과했다. '아침형 인간'이 임원이 되는 확률이 높지 않을까 하는 세간의 믿음과는 완전 대치되는 결과다.

그러나 '아침형 인간'이 필수조건이라 꼽지 않은 임원들 중 상당수가 실제로 자신은 '비교적 일찍 출근하는 편'이라고 답해서 눈길을 끌었다. '오전 9시가 출근시간이지만, 7시~7시 반 사이에 출근한다.'는 식이다.

역시 오전 7시 반경에 출근한다는 이영희 KT 상무는 이와 관련하여, "아침 일찍 와서 생각을 정리하다 보면 고민하던 문제의 해결책이 보이는 경우가 많다."고 전했다.

3. "나는 이런 자질을 인정받아 임원이 되었다"

그렇다면 자신은 어떤 자질을 인정받아 임원이 되었다고 생각하는가 하는 질문을 던져보았다. 그에 대한 답변에서도 역시 1위는 '리더십'이 차지했다. 자신이 인정받은 자질과 임원에게 필요한 자질이 같다고 보는 셈이다. 뒤를 이어 성실성, 열정, 추진력이 공동 2위에 올랐다.

가장 흥미로운 자질은 '성실성'이다. '성실성'은 임원이 되기 위해 갖춰야 할 자질에서는 6위를 차지했다. 그러나 '나는 이런 자질을 인정받아 임원이 되었다.' 항목에서는 2위로 올라섰다. 추상적으로 그려보는 임원의 필수 자질에서는 상대적으로 낮은 평가를 받았지만, 실제 임원이 된 요인과 관련해서는 두 번째로 높은 점수를 받은 것이다. 임원을 꿈꾸는 수많은 샐러리맨들이 눈여겨볼 만한 대목이다.

전체적으로 보면, 임원이 되기 위해 필요한 자질은 무엇이라고 생각하느냐는 질문과 자신이 어떤 자질을 인정받아 임원이 되었다고 생각하느냐는 질문 등 두 가지 질문의 답변은 대체로 비슷했다. 10위까지의 답변에서 유일하게 차이가 나는 것은 '논리적이고 설득력 있는 언변'과 '상사의 생각을 파악하고 교감하는 능력'이다. 임원이 되기 위한 자질 설문에서 9위를 차지했던 '논리적이고 설득력 있는 언변'이 11위로 내려앉은 대신, 임원이 되기 위해 필요한 자질 문항에서는 11위를 차지했던 '상사의 생각을 파악하고 교감하는 능력'이 10위권으로 올라왔다(10위). 이는 현실과 이상(?)이 다름을 보여주는 단적인 사례라 할 수 있겠다.

설문 결과 – 나는 이런 자질을 인정받아 임원이 되었다

1. 리더십
2. 성실성
2. 열정
2. 추진력
5. 뛰어난 전문지식
6. 원만한 대인관계
7. 믿을 만한 사람이라는 평판
8. 폭넓은 네트워크
9. 뛰어난 외국어실력
10. 상사의 생각을 파악하고 교감하는 능력

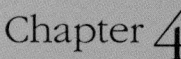

Chapter 4

그는 어떻게
임원이 되었을까?

대한민국을 대표하는 임원들과의 심층 인터뷰

임원들을 대상으로 한 설문조사 결과, 임원들이 스스로 뽑은 '임원이 되기 위해 갖춰야 할 필수 자질 10가지'를 선정할 수 있었다. 앞에서 살펴보았듯, 리더십, 열정, 추진력, 뛰어난 전문지식, 원만한 대인관계, 성실성, 폭넓은 네트워크, 믿을 만한 사람이라는 평판, 논리적이고 설득력 있는 언변, 뛰어난 외국어실력 등이 당당하게 10대 자질에 올랐다.

이와 관련하여 대기업 임원들 중 해당 자질을 대표할 수 있는 인물이라는 평을 듣는 임원들을 선정하여 심층 인터뷰를 실시했다.

예를 들면 이렇다. '휴대폰 디자인은 역시 LG'라는 평가가 나오게 한 주역인 김진 LG전자 정보통신디자인연구소장은 '디자인을 창조함으로써 새로운 트렌드를 만들어내고, 소비자들이 그 디자인을 좋아하고 이해하도록 이끌어야 한다.'는 디자인 리더십론 아래에 트렌드를 이끄는 유행을 만들기 위해 소위 발바닥에 불이 나도록 현장을 뛰고 또 뛰었다. 그 결과 '디자인 리더십의 대표주자'라는 명성을 얻었다. 그런 명성은 김진 상무를 '리더십' 항목의 대표주자로 인터뷰하게 된 계기로 작용했다.

김진 상무뿐 아니다. 열정, 추진력, 뛰어난 전문지식 등 모든 항목에서 인터뷰 대상자로 선정된 임원들은 모두 업계에서 해당 자질에 있어서만은 최고 인물 중 한 사람으로 인정받는다.

물론 그렇다고 해서 해당 항목에 선정된 임원들이 그 항목에서만 뛰어나다는 얘기는 아니다. '열정' 부문에 꼽혀 소개된 이옥섭 태평양 기술연구원장이 '열정' 하나로만 승부해서 임원 자리에 올랐다고 얘기하는 것은 어불성설이다. 이옥섭 기술연구원장은 국내 계면활성제 분야의 최고 '전문가'이면서 매일 일과가 끝난 후 혼자 남아 연구를 계속할 정도로 '성실성'에서도 타의 추종을 불허한다. 그러나 '열정' 관련 인터뷰 대상이 된 것은, 다른 항목에 비해 '열정' 부문에서 더욱 눈에 띈다는 판단 때문이었다.

이제부터 대한민국 임원의 대표주자들이 후배들에게 들려주는 자신만의 성공 비결과 생생하고 진솔한 경험담을 들어보자.

인터뷰 임원 목록

자질	이름	소속
리더십	정일채	신세계백화점 강남점장 (부사장)
	김진	LG전자 정보통신디자인연구소장 (상무)
열정	김병헌	LIG손해보험 경영지원총괄 부사장
	이옥섭	태평양 기술연구원장 (부사장)
추진력	심재설	LS전선 기계사업본부장 (전무)
	신원수	SK텔레콤 컨텐츠사업본부장 (상무)
뛰어난 전문지식	김기남	삼성전자 반도체연구소 전무
	홍영도	KTF 재무관리부문장 (전무)
원만한 대인관계	이승형	GS건설 플랜트사업본부 상무
성실성	장지호	(주)한진 택배영업부 상무
	이강행	한국투자증권 경영지원본부장 (전무)
폭넓은 네트워크	김종욱	우림건설 문화홍보실 상무
믿을 만한 사람이라는 평판	백상현	교보문고 오프라인사업본부장 (상무)
논리적이고 설득력 있는 언변	전병서	대우증권 IB영업본부장 (상무)
뛰어난 외국어실력	이정렬	롯데호텔서울 총지배인
	조원용	아시아나항공 홍보이사

자질 1 - 리더십

정일채 신세계백화점 강남점장 (부사장)

1953년생
광주고, 고려대 심리학과 졸업
1979년 삼성그룹 입사
1998년 신세계백화점 광주점장 (이사)
2001년 신세계백화점 인천점장 (상무)
2003년 신세계백화점 강남점장 (상무)
2005년~현 신세계백화점 부사장

리더십이란 과연 무엇일까? 여러 가지 답이 나올 수 있겠지만, '자신이 하고자 하는 일을 직원들과 합심하여 추진력 있게 끌고 나가 좋은 결과를 내는 것'이 한 가지 답이 될 수 있을 것이다. 이런 관점에서 본다면 정일채 신세계백화점 강남점장 역시 리더십이 뛰어난 대표적인 임원이다.

사실, 신세계의 임원들은 리더십과 관련해서는 인정을 받는 사람들이라 할 수 있다. 신세계는 임원을 선발할 때 객관적으로 검증된 마케팅능력과 현장직원들로부터 협력을 끌어내는 리더십, 이 두 가지를 주로 보는 것으로 알려져 있다. 당연히 그 관문을 거쳤으니 모두들 '리더십하면 나'라 할 수 있겠으나, 그중에서도 정 점장이 첫손에 꼽히는 것은 '터미널 백화점'으로 불리던 신세계 강남점을 '한국의 대표 명품 백화점'으로 끌어올리면서 정일채식 리더십을 만방에 과시한 인물이기 때문이다.

1979년에 삼성그룹에 입사한 정일채 부사장은 막연하게 유통서비스업에 종사하고 싶다는 생각에서 서비스업 계열사에 지원했다고 지난날을 회상했다. 당시 삼성그룹에서 서비스업에 속했던 기업은 조선호텔, 신세계, 삼성생명 등이었다. 정 점장은 그중에서 신세계로 발령을 받았고, 그렇게 정 점장의 30년 유통인생이 시작되었다.

신세계 강남점의 신화를 이끌다

백화점을 이끌어가는 점장은 백화점의 꽃이다. 신세계백화점 강남점은 현재 전국에 산재한 80개 백화점 중 롯데백화점 본점에 이어 매출 2위에 올라 있는 백화점이다. 2000년에 개점한 이래 몇 년 만에 국내 최정상 자리에 올랐으니, 신세계 강남점의 신화는 백화점 업계의 살아 있는 전설이라 해도 과언이 아니다. 당연히 점장인 정일채 점장은 그 전설의 한가운데에 서 있다. 비록 개점 때부터 강남점을 맡아서 쭉 키워오지는 않았지만, 강남점이 막 도약하려는 시기에 바턴을 이어받아 지금의 모습으로 성장하도록 키워냈으니 당당히 주연 자리를 차지한다 해도 문제되지는 않을 것이다.

신세계백화점 광주점장으로 활약한 데 이어 당시 인천점장을 맡고 있던 정 점장이 강남점장으로 임명된 것은 2003년 12월 말의 일이다. 당시 9,000평이던 강남점은 4,000평을 확장하여 13,000평으로 규모를 늘리기로 결정된 상태에서 막 공사에 들어가기 직전이었다. 또한 그 당시 신세계백화점 강남점은 초기의 부진에서 벗어나 획기적인 제2의 도약을 이루느냐, 그저 그런 점포 중 하나로 주저앉고 마느냐의 기로에 서 있었다. 이 같은 시점에 정 점장에게 신임 강남점장 임무가 주어진 것은, 인천점장 시절 보여준 탁월한 능력에 대해 신세계 최고경영진이 무한한 신뢰를 보냈기 때문이다.

신세계백화점 인천점은 신세계 내에서 강남점 다음 가는 매출액을 올리는 점포로, 그 위상이 상당하다. 물론 이 같은 위상이 하루아침에 만들어진 것은 아니다. 정 점장이 인천점장을 맡고 있던 2001년, 롯데백화점이 인천점을 개점했다. 롯데의 전략은 '어느 상권에 들어가든 반드시 해당 상권에서 1위를 차지한다.'는 것이다. 롯데 인천점도 마찬가지였다. 롯데 특유의 물량공세를 펼치며 선점 업체인 신세계 인천점을 옥죄고 들어왔다. 신세계 내부에서는 신세계 인천점이 1위를 뺏길 수도 있겠다는 위기 감이 팽배했다. 그러나 뚜껑을 연 후의 결과는 신세계의 한판승. 20~30대 젊은 층을 집중 공략한 롯데에 비해, 상대적으로 구매력 이 높은 30~40대를 대상으로 한 마케팅을 강화한 것이 주효했다.

인천점 수성의 성과를 뒤로 하고 강남점장이 되자마자 정 점장 앞에 '3개월 안에 매장 확장공사를 성공적으로 마무리 지으라.' 는 과제가 떨어졌다. 3개월은 물리적으로 쉽지 않은 기간이었다. 또한 무작정 매장 면적만 확대한다고 될 일이 아니었다. 그에 걸 맞은 성장을 이루려면 고객 수의 증가도 동반돼야 했다. 어떻게 고객 수를 늘릴까에 대한 고민까지 함께 하기엔, 3개월은 불가능 해 보일 정도로 턱없이 짧은 기간이었다.

그렇다고 포기할 수는 없는 일. 정 점장은 어떻게 하면 이 과제 를 성공적으로 수행할 수 있을 것인가에 대한 고민을 시작했다. 이 지점에서 '추진력 하면 정일채' 할 정도로 일 처리가 빨랐던 정 점장의 장점이 부각된다. 석 달간 협력사원 포함 2,500명의 직원과 함께 거의 밤낮없이 일하면서 공사기일을 맞춰냈다.

동시에 당시까지는 상상조차 하지 못했던 획기적인 마케팅에 돌입했다.

"일명 GIS를 활용한 마케팅이었습니다. 유통업계에서는 최초 시도였죠. 근처 아파트 총 가구 중 과연 몇 가구가 신세계 카드 고객인가를 파악하는 작업부터 시작했지요. 다음 단계는 신세계

카드를 소유하고 있지 않은 고객들을 대상으로 적극적인 구애작전을 펼치는 것이었습니다. 그들에게는 아무리 전단지를 뿌려봐야 의미가 없어요. 카드가 없다는 것은 올 생각조차 없는 고객이라는 말과도 일맥상통하기 때문이지요. 그들에게는 전단지를 돌리는 대신 '신세계 강남점이 이렇게 바뀌었습니다. 그리고 조만간 이렇게 또 바뀝니다. 꼭 한 번 와주십시오.'라는 요지의 간절한 편지를 보냈습니다."

이렇게 석 달의 시간을 보내고 드디어 결전의 날. 예상보다 많은 고객이 밀려오기 시작했다. 문을 연 4월 1일부터 매달 두 자릿수 성장률이 계속됐다.

이 같은 과정을 통해 업계 4~6위 수준이던 강남점은 드디어 업계 2위로 올라설 수 있었다. 그뿐인가. 신세계는 전체적으로 'old'한 이미지이지만 유독 강남점만은 고급 명품 이미지가 강하다. '고급화하는 길만이 백화점의 살 길'이라 여겨지는 시대에 이는 엄청난 특장점이다. 또 매출액 기준으로는 2위지만, 이미지 면에서는 '대한민국 대표 백화점'이라는 타이틀도 얻어냈다. 이를 반증해주는 사례가 있다. 루이뷔통 회장은 전 세계 자사 매장을 돌아볼 때 보통 아시아에서는 일본과 홍콩 정도만 다녀가곤 했었다. 그러나 신세계 강남점이 자리를 잡은 이후로는 강남점까지로 반경을 넓혔다. 물론 국내 방문은 최초였다.

3개월 안에 신세계 강남점 리노베이션을 완성하라는
특명 앞에서 '추진력 하면 정일채'라는
정 점장의 장점이 빛을 발했다.

프라이드 갖기, 신뢰, 펀(fun)

그렇다면 정 점장이 어떤 과정을 통해 이 같은 결실을 일궈낼
수 있었는지 살펴보자.

3개월이란 기간은 한쪽에서는 매장을 운영하면서 다른 한쪽에
서는 4,000평 규모를 확장하고, 동시에 새로운 마케팅 전략을 수
립하고 실행하기에 그다지 넉넉한 시간이 아니다. 아니, 얼핏 보
면 아예 불가능할 것 같은 시간이다. 그러나 무조건 이 기간 동안
일을 마치겠다고 결심한 정 점장은 자신이 늘 해오던 대로 솔선
수범하기 시작했다. 점장이 새로 오자마자 집에 들어가는 날이
거의 없을 정도로 바쁘게 일하는데, 긴장감을 갖지 않을 직원이
있겠는가.

"무작정 솔선수범한 것은 아닙니다. 솔선수범 이전에 현재 강
남점이 처해 있는 상황이 어떤 것인지, 신세계 경영진은 강남점
에 무얼 기대하고 있는지에 대해 전 직원에 소상하게 알렸습니
다. 그리고 이를 위해 각 부서가 무슨 일을 언제까지 어떻게 해낼
필요가 있는지 명확하게 규정해줬지요."

일단 목표가 확실하게 정해지고 각각의 책무가 구분지어지면

이후에 남는 것은 '솔선수범'밖에 없다는 것이 정 점장의 믿음이다. 이 믿음은 이때도 어김없이 결실을 가져다주었다.

이와 관련하여 정 점장이 임원이 된 시점부터 실천해왔다는 세 가지가 부각된다.

첫 번째는 '프라이드를 갖는 것'이다. 자기 자신에 대한 프라이드를 갖는 게 요체다. 정 점장이 처음 점장을 맡았던 백화점은 신세계 광주점이다. 광주점에 부임한 후 정 점장은 '작지만 강한 점포'란 캐치프레이즈를 만들고, 신세계 직원의 한 사람으로서 프라이드를 갖자며 직원들을 독려했다. 그 결과 광주점은 호남지역 최고 백화점으로 성장할 수 있었다.

두 번째는 '신뢰'다. 상하좌우로 신뢰를 가져야 하고, 이 같은 내부 신뢰가 밑받침돼야 더 나아가 고객과의 신뢰가 구축된다는 생각이다. 신뢰를 얻기 위한 최고 지름길이 바로 경영진만 알법한 각종 회사 사정을 전 직원과 솔직하게 공유한 후 모두가 공감하는 목표를 설정한 뒤에 솔선수범하는 일이다. 결국 강남점의 성공을 이끌어낸 요인도 바로 이 '신뢰'라 할 수 있다.

세 번째는 '펀(fun)'이다. 즐겁게 일하지 않으면 안 된다는 일종의 신념이다. 이는 편법만 동원하지 않는다면 일의 과정에 대해 왈가왈부하지 않는다는 것으로, 이런 신념 덕에 정 점장은 한번 밑에서 일해볼 만한 상사라는 평판을 얻게 되었다.

신세계백화점 강남점의 제2도약을 성공적으로 이뤄낸 정 점장은 현재 새로운 목표를 향해 달리고 있다. 2009년이면 현재 재건축 중인 신세계 강남점 건너편 반포주공 2단지에 2만 세대가 입주를 완료한다. 비슷한 시기에 지하철 9호선도 완공된다. 이 두 가지는 입지 측면에서 더할 나위 없는 요인들이다. 이때를 기점으로 '전국 1위' 백화점으로 올라선다는 것이 정 점장의 비전이다. 이를 달성하기 위해 지금도 쉬지 않고 달리고 있는 정 점장의 도전이 어떻게 끝을 맺을지 궁금해진다.

정일채 신세계 부사장의 성공 비결

1. 리더십은 솔선수범에서 시작된다.

'3개월 안에 강남점 4,000평 확대 리노베이션을 완성시켜라.' 얼핏 보기에 불가능해 보이는 이 일을 해내기 위해서 정일채 신세계 부사장이 택한 방법은 솔선수범하는 것이었다. 리더십은 솔선수범에서부터 시작된다고 믿었기 때문이다. 단, 무작정 솔선수범하는 것은 의미가 없다. 솔선수범하기 전에 현재 신세계 강남점이 처해 있는 상황이 어떤 것인지, 신세계 경영진이 강남점에 무엇을 기대하고 있는지에 대해 전 직원들에게 소상히 알렸다. 그리고 이를 위해 각 부서가 무슨 일을 언제까지 어떻게 해낼 필요가 있는지를 명확하게 규정해주었다. 이런 과정을 통해 강남점 직원들은 똘똘 뭉쳐 한 가지 목표를 향해 뛰기 시작했고, 이는 강남점 리노베이션의 성공적인 완성으로 이어졌다.

2. 프라이드를 가져라.

정일채 부사장은 샐러리맨 생활을 하는 내내 '프라이드를 갖는 것'을 첫째 목표로 삼고 이를 실천해왔다. 자신에 대한 프라이드를 갖고 그 프라이드를 지켜나가기 위해 뛰다 보니 성공의 길이 눈앞에 있더라는 설명이다. 여기서 한 가지 의문이 생긴다. '아무리 프라이드를 갖고 싶어도 그러지 못할 상황이면 어쩌란 말인가?' 정 점장은 어떤 상황에서든 마음 먹기에 따라 프라이드를 찾을 수 있다고 했다. 정 점장이 처음 점장을 맡은 백화점은 신세계 광주점이었다. 서울이나 수도권 지역 백화점으로 가지 못한 것에 의기소침해하는 대신, '작지만 강한 점포'란 캐치프레이즈를 만들고 신세계 직원의 한 사람으로서 프라이드를 갖자며 직원들을 독려했다. 그 결과 광주점은 호남 지역 최고 백화점으로 성장할 수 있었다.

김진 LG전자 정보통신디자인연구소장 (상무)

1960년생
홍익대 산업디자인과 졸업
1983년 LG전자 입사
2001년 헬싱키 경영대학원 Executive
　　　　MBA과정 수료
2001년 LG전자 상무
2004년~현 LG전자 정보통신디자인
　　　　연구소장 (상무)

'디자인 리더십'이란 용어가 있다. 리더십이면 리더십이지 디자인 리더십은 또 무엇인가. 흔히 디자인은 유행을 따라가는 트렌드의 결과물이라 생각하기 쉽다. 그러나 불후의 명작이 될 만한 디자인은 절대 그렇지 않다. 유행을 따라가고 트렌드를 예측해 거기에 맞추다 보면 영원히 이류밖에 될 수 없다. 대신 디자인을 창조함으로써 새로운 트렌드를 만들어내고, 소비자들이 그 디자인을 좋아하고 이해하도록 이끌어야 한다. 이것이 바로 디자인 리더십이다.

LG전자 휴대폰은 디자인 리더십을 잘 보여주는 대표적 사례다. 삼성전자 애니콜의 위상에 눌려 있다 보니 디자인과 관련한 명성이 좀 더 널리 알려지지 못해서 그렇지, 전문가들은 누구나 LG전자 휴대폰의 디자인 실력이 가히 최고임을 인정한다. 실제로 세계 최초로 모토로라의 레이저폰 같은 슬림 휴대폰을 만들어 낸 것도, 세계 최초로 액정화면을 180도 회전시키는 스위블폰을 만들어낸 것도, 역시 세계 최초로 터치키 방식의 휴대폰을 만들어낸 것도 모두 LG전자다.

국내 디자인 리더십의 대표 인물

이 같은 성과의 한가운데에 서 있는 사람이 김진 LG전자 상무다. 현재 LG전자 디자인경영센터에서 MC(Mobile Communication) 디자인연구소를 이끌고 있는 김 상무는, 2006년 11월 현재 전 세계적으로 600만 대 이상 팔려나가고 미국에만 300만 대 수출계약을 했다는 LG전자의 최고 히트상품 '초콜릿폰'을 디자인한 주역이다. 이에 앞서 LG전자에서 각종 1호 기록을 만들어낸 인물이기도 하다. 1호 여성 대졸 공채사원, 1호 여성 과장, 그리고 LG전자 최초를 넘어 전자업계 최초의 여성 임원이다.

김진 상무는 2006년 11월 현재
전 세계적으로 600만 대 이상 팔려나가고
미국에만 300만 대 수출계약을 했다는
LG전자의 최고 히트상품 '초콜릿폰' 을 디자인한 주역이다.

이처럼 국내 '디자인 리더십'의 대표적 인물로 자리 잡은 김진 상무가 임원이 된 것은 2001년 말로 거슬러 올라간다.

될성부른 나무는 떡잎부터 알아본다고 했던가. 홍익대 산업디자인과를 졸업하고 1983년에 LG전자에 입사한 김 상무는 그 다음 해에 바로 히트상품을 만들어내면서 '김진'이라는 이름 두 자를 사내에 각인시켰다. 블랙과 레드를 주조로 한 모노카세트가 김 상무의 첫 히트작이다. 당시 전자제품의 트렌드 색은 실버였다. 실버가 아닌 전자제품을 찾아보기가 어려울 정도로 실버는 대유행이었다. 그러나 김 상무는 과감하게 실버를 버리고 블랙과 레드를 채용했다. 실버의 주된 이미지는 고급스러움이므로, 귀엽고 깜찍해야 하는 모노카세트에는 어울리지 않는다고 본 것이다. 80년대 초만 해도 다양성이 통용되지 않던 시기였다. 한 가지 색이 유행이면 다른 색은 발붙일 곳이 없을 정도로 모든 제품을 휩쓸었다. 이런 분위기에서 새로운 색을 쓰는 결정이 쉽지는 않았다. 그러나 김 상무는 '색깔은 무조건 유행을 따를 것이 아니라, 제품의 느낌과 맞는 것이어야 한다.'는 의견을 굽히지 않았다. 당연히 사내에는 반대 의견이 팽배했다. 디자인실 선배들 또한 '말도 안 되는 소리'라며 일축했다.

웬만한 신입사원이면 이쯤에서 포기했을 테지만, 김 상무는 달랐다. 몇날 며칠 밤을 새워 블랙과 레드 색깔 모노카세트로 어떻게 소비자의 마음을 움직일 수 있을지에 대한 마케팅 계획서를

만들었고, 임원진을 대상으로 프레젠테이션을 단행했다. 한 신입
사원의 당찬 열정에 놀란 임원들은 결국 김 상무의 디자인을 채
택했고, 그렇게 어렵게 제품이 나왔다.

결과는 대성공. 소비자들의 뜨거운 호응이 쏟아졌다. 그뿐인
가. 90년대 초반까지 전자업계 최고의 신으로 군림했던 소니가
블랙과 레드 디자인을 채용한 모노카세트를 OEM으로 받고 싶다
는 제의를 해왔다. 자체 디자인과 제작을 신봉해오던 소니에서
OEM을 시도한 것은 전무후무한 일이었다.

입사하자마자 엄청난 성과를 낸 인물이니 당연히 선천적으로
뛰어난 인물이고, 임원이 되는 것 또한 당연하지 않을까 생각하
는 독자들이 많을 것이다. 이에 대해 김 상무는 "절대 그렇지 않
다."고 단언했다.

"무작정 트렌드를 따라가는 것이 아니라 앞으로 어떤 트렌드를
만들 수 있을 것인지에 대해 끊임없이 탐구했습니다. 그것은 사
람들의 생각과 관심사를 눈여겨보면 알 수 있지요. 그렇게 만들
어낸 새로운 트렌드를 어떻게 소비자들에게 알릴 수 있을 것인가
에 대해 치열하게 고민한 덕분에 얻어낸 결과였습니다. 부지런히
시장을 뛰어다니고 수많은 책을 읽는 등의 노력이 뒷받침된 것은
물론이지요."

"무작정 트렌드를 따라가는 것이 아니라
어떤 트렌드를 만들 수 있을지에 대해 끊임없이 탐구했습니다.
그것은 사람들의 생각과 관심사를 눈여겨보면 알 수 있습니다."

'아하프리'의 대성공

이후 한 걸음 한 걸음 차근차근 사내에서 자신의 입지를 쌓아오던 김 상무는 90년대 중반 들어 다시 한 번 대히트상품을 만들어낸다. 국내에서 소니와 아이와 워크맨의 아성을 무너뜨린 '아하프리'다. 90년대에 워크맨의 위세는 대단했다. 지하철을 타면 워크맨에 연결된 이어폰을 귀에 꽂고 있는 젊은이들이 그렇지 않은 젊은이들보다 더 많을 정도였다. 그러나 워크맨은 철저하게 외출용이었다. 집에 와서도 이어폰을 연결해 워크맨을 듣기는 쉽지 않다. 여러 가지 이유가 있겠지만, 라디오라는 대체품이 있고, 무엇보다 밖에서는 물론 집안에서까지 이어폰을 끼고 있노라면 귀가 아파 계속 듣기 어려운 난점이 있었다. 김 상무는 이 점에 착안했다. 워크맨을 꽂을 수 있는 스피커를 하나 더 딸려 내보낸 것이 핵심이었다. 밖에서는 워크맨처럼 듣다가 집에 오면 스피커에 끼워 라디오처럼 활용하라는 것이 포인트였다.

아하프리는 또 '바이올렛블루'라는, 전에 없던 독특한 색깔로도 인기를 끌었다. 디자인은 단순히 색깔을 제시하는 것으로 끝나지 않는다. 디자인팀에서 아무리 '신비로운 펄감의 금색'이 채

용된 제품을 제안한다 한들, 소재를 제작하는 업체가 그런 색감의 판을 만들어주지 못하면 무용지물이다. 따라서 디자인팀은 자신이 제안한 색깔을 구현할 수 있도록 소재업체와 협력해서 재료를 만들어야 한다. 기술도 마찬가지다. 디자인팀에서 슬림폰을 아무리 외쳐도 연구소에서 슬림폰을 구현할 수 있는 얇은 칩을 만들어내지 못하면 아무런 소용이 없다. 따라서 디자인팀은 수시로 소재업체와 연구소를 쫓아다니며 자신들이 제시한 내용이 구현될 수 있도록 설득하고 때로는 함께 기술 개발에 참여하기도 해야 한다.

바이올렛블루색의 구현 역시 마찬가지였다. "당시 국내 어느 알루미늄업체에서도 바이올렛블루색의 알루미늄판을 만들어내지 못했습니다. 일단 이런 색을 만들어내는 안료업체가 없었어요. 머릿속에 갖고 있는 색상 이미지는 있었지만 샘플 칼라가 없다 보니, 안료업체에 어떤 색을 원하는지조차 쉽게 설명할 수 없었지요. 저를 위시한 십수 명의 디자인팀 직원들이 원서를 뒤져가며 연구하고, 업체와 함께 수십 번의 실험을 거쳐 힘들게 색을 구현해냈지만, 그걸로 끝이 아니었어요. 기존 안료와 다른 방식으로 구현된 바이올렛블루 안료는 알루미늄에 잘 먹지 않았거든요. 이번엔 어떻게 하면 새로 만들어낸 바이올렛블루 안료를 알루미늄에 원래 색 그대로 먹게 할 수 있을까에 역량을 집중했습니다. 역시 알루미늄 관련 각종 자료를 찾아 연구함으로써 방법을 찾아냈지요. 반짝거리는 효과를 내는 '그라스볼 샌딩' 기법을 적용했더니, 드디어 바이올렛블루 안료가 제 색깔 그대로 알루미늄판에 먹어 들어갔어요. 어찌나 기쁘던지, 지금도 당시의 환희를 잊을 수가 없습니다."

이렇게 복잡다단한 과정을 거쳐 세상에 나온 아하프리는 기능의 편리성은 물론, 전에 보지 못했던 색깔로 젊은이들의 감성을 사로잡으며 엄청난 히트상품이 됐다. 자신이 원하는 색을 만들어 내기 위한 지치지 않는 열정과 노력이 이 같은 결과를 만들어낸 것이다.

초콜릿폰의 신화

초콜릿폰도 마찬가지다. 누르는 방식이 아닌 터치 키패드식 휴대폰은 아무래도 생소했다. 거기에 평상시엔 아무것도 안 보이다가 폴더를 건드리면 비로소 빨간색 키패드가 뜨게 만들어야 했다. 연구소에서 난색을 표했음은 물론이다. 아무리 바탕이 검정색이라 해도, 한눈에 알아볼 수 있는 선명한 빨간색 키패드를 만드는 것은 불가능하다는 반응이었다. 그러나 '그동안 경쟁사에 비해 디자인 정도만 우위로 평가받아온 LG전자 휴대폰의 확실한 대표주자를 하나 만들어야겠다. 그리고 그 대표주자는 키패드 방식 휴대폰이어야만 가능하다.'는 김 상무의 확고한 결심을 바꾸지는 못했다.

디자인팀과 연구소가 합심해서 방법을 찾아보자는 결정이 이뤄졌고, 9개월간 밤낮없이 노력한 끝에 드디어 2005년 말 '초콜릿폰'이란 이름으로 그 결실이 세상에 나왔다. 중간 중간 회의적인 표정을 보이는 연구소 직원들을 다독이며 초콜릿폰이 빛을 볼 수 있도록 앞만 보고 달린 디자인팀과 그 디자인팀을 이끈 김 상무의 고생은 그렇게 결실을 맺었다.

돌이켜보면 김 상무의 20년이 넘어가는 샐러리맨 인생은 새로운 트렌드를 만들어내고 그 트렌드를 구현하기 위한 노력의 연속이었다 할 수 있다. '장기적인 안목에서 업계 트렌드를 이해하고 전망한 후 그에 맞춘 비전을 제시하고 조직원들과 함께 비전을 향해 달려나갈 수 있는 관리자라면 임원 감으로 손색이 없다.'는 임원의 10대 자질 중 첫 자질인 리더십을 생각할 때, 김 상무의 임원 입성은 결국 훌륭한 리더의 역할을 실천한 덕분이라 할 수 있다.

김진 LG전자 상무의 성공 비결

1. 상사가 시키는 대로 하지 말고, 상사를 설득하라.

블랙과 레드를 주조로 한 모노카세트가 김진 LG전자 상무의 첫 히트 작이다. 당시 전자제품의 트렌드 색은 실버였지만, 김 상무는 과감하게 블랙과 레드를 채용했다. 처음에는 회사에서 반대여론이 팽배했다. 그런 상황에서 웬만한 신입사원이라면 포기했을 테지만, 김 상무는 달랐다. 며칠 밤을 새워 블랙과 레드의 모노카세트를 가지고 소비자의 마음을 움직일 수 있는 방법에 대한 마케팅 계획서를 만든 다음, 임원진을 대상으로 프레젠테이션을 했다. 한 신입사원의 당찬 열정에 놀란 임원들은 결국 김 상무의 디자인을 채택해주었다. 결과는 대성공. 이 일로 신입사원 '김진'의 이름을 회사에 인상 깊게 각인시켰음은 두말할 필요가 없다.

2. 트렌드를 따라가지 말고, 트렌드를 만들어라.

김진 상무는 자신이 처음부터 능력이 뛰어난 것은 아니었다고 했다. 트렌드를 만들어가기 위해 노력했더니 어느 날 길이 보이더라고 했다.

"무작정 트렌드를 따라가는 게 아니라 앞으로 어떤 트렌드를 만들 수 있을 것인지에 대해 끊임없이 탐구했습니다. 이는 사람들의 생각과 관심사를 눈여겨보면 알 수 있지요. 그렇게 만들어낸 새로운 트렌드를 어떻게 소비자들에게 알릴 수 있을 것인가에 대해 치열하게 고민한 덕분에 얻어낸 결과였습니다. 부지런히 시장을 뛰어다니고 수많은 책을 읽는 등의 노력이 뒷받침된 것은 물론이지요."

자질 2 — 열정

김병헌 LIG손해보험 경영지원총괄 부사장

1957년생
경북고, 서강대 경영학과 졸업
서울대 대학원 경영학과 석사
1982년 한국장기신용은행 기획조사부
1983년 LG화재(당시 범한화재)
　　　　기획조사부 대리
1987년 LG그룹 회장실 기획팀 부장
1994년 LG화재 영업지원부장
1996년 LG화재 경영지원담당 (이사
　　　　대우)
1998년 LG화재 강북본부장
2002년 LG화재 경영기획담당 (상무)
2006년 4월 LIG손해보험(구 LG화재)
　　　　경영지원총괄 부사장

"정성 들여 도배를 하면 5년이고 10년이고 끄떡없지만, 성의 없이 하면 1년도 안 돼 다시 벽지를 발라야 합니다."

인생도, 일도, 도배와 같다며 열정적으로 '도배철학'을 이야기 하는 김병헌 LIG손해보험 부사장은 도배봉사의 보람에 휴일 가는 줄 모른다. 2005년에 LIG손해보험은 회사 차원에서 독거노인 대상 도배봉사를 시작했다. 도배봉사의 제일 앞줄에 서 있는 사람이 김 부사장이다. "물건을 잘 안 버리는 노인들의 특성상, 물건을 치우다 보면 정작 도배할 시간이 거의 없다."며 어려움을 토로하는 김 부사장은 시간이 날 때마다 도배봉사에 나선다. 이런 연유로 보험업계에서 '도배맨'으로 통한다는 김 부사장은 도배로도 먹고살 수 있을 정도의 기술을 자랑하는 것으로 알려졌다.

보험업계의 '열정맨'

열정은 하나가 아니다. 한 가지 일에 열정을 보이는 사람은 어떤 일에든 열정을 보이게 마련이다. 열정은 갈고닦아 만들어지는 것이라기보다는 타고난 천성에 가깝기 때문이다. 열정은 분야를 가리지 않고 통한다. 뒤늦게 알게 된 도배봉사의 길에서 무한한 열정을 보이고 있는 김 부사장은 일에서도 역시 '열정'면에서 둘째가라면 서러워할 인물로 유명하다.

"누구나 신입사원 때는 열정과 잘해보겠다는 각오가 넘칩니다. 그러나 시간이 지나면서 그런 생각이 흐려지지요. 신입사원 때의 열정을 끝까지 간직하는 사람들이 결국은 임원도 되고 CEO도 되는 게 아닌가 싶어요. 그런데 요즘은 신입사원 시절부터도 열정을 가진 청년들이 적어 보입니다. 참으로 안타까운 일이죠."

김 부사장은 어떻게 30년을 한결같이 열정적으로 생활해올 수 있었을까? 경영학을 전공하며 '언젠가는 꼭 멋진 CEO가 되겠다.'고 다짐한 자신과의 약속을 한 번도 잊어본 적이 없기 때문이다. 물론 모든 샐러리맨이 입사할 때는 CEO가 되어 있을 자신을 그려보며 희망에 부푼다. 과장, 부장만 하고 그만두겠다고 생각할 사람은 없을 것이다. 그러나 얼마 못 가 현실과 타협하면서 이같은 희망은 '언제 그만두고 내 일을 시작할까?'로 바뀐다. 그와 함께 그나마 남아 있던 열정의 불씨마저 사그라지게 마련이다. 그렇다면 과연 누가 계속 열정을 갖고 CEO에의 꿈을 간직할 수 있을까? 천성적으로 열정적인 성정에다 능력이 그 열정을 뒷받침해주면서 승진의 사다리를 계속해서 올라갈 수 있다면 가능한 얘기다. 결국 열정은 그에 걸맞은 능력이 따라줘야 비로소 진가를 발휘한다. 김 부사장도 역시 스스로의 열정에 걸맞은 능력을 발휘해왔기에 부사장 자리에까지 오르고 더불어 '열정맨'이란 별명 또한 얻어낼 수 있었을 것이다.

> "신입사원 때의 열정을 끝까지 간직하는 사람들이
> 결국은 임원도 되고 CEO도 되는 게 아닌가 싶어요."

김 부사장의 첫 직장은 장기신용은행이었다. 80년대 초에 은행원은 대단한 인기 직종이었다. 그중에서도 장기신용은행은 웬만한 인재가 아니고서는 입사하기 어려운 곳으로 유명했다. 그렇게 안정적이고 유망한 직장의 입사에 성공했던 김 부사장은 그러나 입사 다음해인 1983년에 LG그룹 계열 보험사였던 범한화재(현

LIG손해보험)로 자리를 옮긴 상사를 따라 회사를 옮겼다. 당시만 해도 보험업은 인지도가 매우 낮았다. 주위에서 다들 말렸음은 짐작할 수 있는 일이다. "뭔가 역동적인 일을 해보고 싶었어요. 은행은 그렇질 않잖아요. 모험이긴 했지만, 그래도 하고 싶은 일을 해보자 하는 생각이 더 강했지요."

기획조사부에서 근무하던 시절, 김 부사장에게 어느 날 LG그룹 회장 비서실에서 함께 일해보자는 제의가 들어왔다. 보고서를 완벽하게 작성해내는 김 부사장을 회장 비서실에서 눈여겨보고 있던 차였다. 이후 전 직원을 대상으로 처음 치러진 토익시험에서 3위를 하면서 그 상으로 런던에 4개월간 연수를 다녀올 기회를 잡았다. 기획능력뿐 아니라 언어능력까지 인정받은 김 부사장은 런던에 다녀오자마자 바로 회장 비서실에 짐을 풀게 됐다.

회장 비서실에 와서도 김 부사장의 열정은 빛을 발한다. 1988년에 LG그룹은 맥킨지컨설팅과 함께 'V프로젝트'를 시작했다. V프로젝트는 그룹 차원의 비전과 핵심역량을 선정하는 등 그룹의 나아갈 길을 결정하는 중요한 내용이었다. V프로젝트팀은 각 부서에서 모인 30여 명으로 구성됐다. V프로젝트팀이 아니었던 김 부사장은 순전히 개인적인 호기심으로 V프로젝트에 깊숙이 관여했다. 맥킨지컨설팅은 세계 각국에서 쌓인 데이터를 활용해 문제 해결 방법을 찾아냈다. 이 같은 선진시스템적 문제 해결법을 접하고 충격을 받은 김 부사장은 그들이 일하는 방식을 배우고 싶다는 이유 하나로 공부하는 차원에서 팀 업무를 도우며 프로젝트에 참여했다. 특히 당시 맥킨지가 적극적으로 적용 중이던 '변화 관리'에 큰 관심을 갖고 이와 관련한 책도 닥치는 대로 읽었다.

덕분에 V프로젝트에 대해 팀원들 이상으로 정확하게 알게 된 김 부사장은 이후 LG그룹이 '월드 베스트 프랙티스(일류 상품만 가져가겠다는 의미)'라는 캐치프레이즈를 세우는 데 큰 역할을 하게 된다. 그리고 맥킨지와 함께 한 V프로젝트 과정을 통해 당시 사내에서 몇 안 되는 '변화 관리 전문가'로 인정받았다. 그 결과, 새로운 문화를 정립하고 전파하는 일에 적임자로 꼽혔다. 1994년에 LG화재 영업지원부장 및 경영혁신팀장으로 발령받은 것도 같은 맥락에서 이해해볼 수 있는 대목이다. 1996년에는 경영지원담당 이사대우가 되어 입사 14년 만에 임원이 되기도 했다. 1957년생이니 당시 만 39세였다. 요즘에야 30대에 임원이 되는 경우가 꽤 있다지만 당시에는 그렇지 않았다. LG그룹 최연소 임원이기도 했으니, 시쳇말로 엄청나게 잘나가는 경우였던 셈이다.

'정말 실력이 있다면 어려운 과제를 맡았을 때
이젠 끝이라고 좌절하기보다는 더욱 잘해야 한다.'

꼴지 영업소를 2년 만에 1위 영업소로

이런 김 부사장에게도 승승장구하는 장밋빛 시절만 있었던 것은 아니다. 1998년에 강북본부장으로 발령받으면서 "이제 김병헌은 끝났다."는 말을 듣기도 했다. 기획만 하던 사람이 영업현장에 갔으니 막막할 수밖에 없었고, 강북본부는 전 영업본부 중 꼴찌를 하던 영업소였다.

'이젠 끝'이라고 좌절하며 새로운 길을 모색할 대부분의 사람들과 달리 김 부사장은 '내가 정말 실력이 있다면 어려운 과제를 맡았을 때 더욱 잘해야 한다.'며 스스로를 다잡았다. 그리고 자신이 오래도록 전념해온 변화 관리 프로그램을 도입했다. 변화 관리의 요체는 구성원들에게 변화의 필요성을 납득시키는 것이었다. 위에서 소리만 치는 변화는 결과를 얻어내지 못한다.

김 부사장은 먼저 '꼴찌 본부를 탈피해보자.'는 의욕을 전 구성원이 공유할 수 있는 분위기를 만들었다. 실적 위주 관리에서 과정 관리, 인적 관리로 방법을 바꾸면서 공유 분위기가 무르익었다. 그렇다면 공유한 내용을 어떻게 실천으로 이끌 것인가. 이를 위해서는 상위 20%, 하위 20%를 움직일 필요가 있었다. 꼴찌 본부라도 스타는 있다며 스타를 발굴해 희망을 북돋았다. 스타 발굴은 상위 20%와 하위 20%를 움직이는 데 절대적인 효과를 발휘했다. 스타로 발굴된 사람은 더욱 열심히 하고자 했고, 하위 20%는 '나와 같던 사람이 스타가 되는데 나도 못하라는 법 없다.'며 더더욱 분발했다. 이런 과정을 거쳐 강북본부는 2년 만에 전체 1위 영업소로 환골탈태했다.

'선견지명, 유비무환, 새옹지마'

이 같은 성과를 인정받아 김 부사장은 경영기획담당 상무로 승진했고, 이후 LIG손해보험의 '비전2020' 달성을 위한 핵심인물로 활약해오고 있다. 그 일환으로 2005년 초 LG화재에서 LIG손해보험으로 이름을 바꾸고 CI도 교체했다. 새로운 시대에 새로운 보험사로 거듭나지 않으면 안 된다는 마음가짐을 표현한 결과다. 내용적으로는 방카슈랑스(은행을 보험 판매 채널로 활용하는 것)를 본격적으로 추진해 손해보험사 최고의 방카슈랑스 비율을 자랑하는 등 최고의 우량 손해보험사가 되기 위해 다각도로 노력을 펼치는 중이다.

이 같은 자신의 경험에 근거해 '선견지명, 유비무환, 새옹지마'의 세 가지를 경영철학으로 삼고 있다는 김 부사장. 사실 이 세 가지는 한 가지 끈으로 묶인다. 선견지명을 갖고 미리미리 준비했기에 승승장구할 수 있었고, 이 같은 힘이 바탕이 되어 새옹지마를 가능하게 하는 저력이 됐다. 또한 세 가지 모두 '열정'이 없었다면 어려웠을 것이다. 신입사원 교육 때마다 이 세 가지를 이야기한다는 김 부사장은 자신의 열정이 세 가지 한자성어와 함께 신입사원들에게 전달되기를 바란다고 했다.

김병헌 LIG손해보험 부사장의 성공 비결

1. 처음 각오 그대로

"누구나 신입사원 때는 열정과 잘해보겠다는 각오가 넘칩니다. 그러나 시간이 지나면서 그런 생각이 흐려지지요. 신입사원 때의 열정을 끝까지 간직하는 사람들이 결국은 임원도 되고 CEO도 되는 게 아닌가 싶어요."

그렇다면 김병헌 LIG손해보험 부사장은 어떻게 30년을 한결같이 열정적으로 생활해올 수 있었을까. 경영학을 전공하며 '언젠가는 꼭 멋진 CEO가 되겠다.'고 다짐한 자신과의 약속을 한 번도 잊어본 적이 없기 때문이다. 물론 모든 샐러리맨이 입사 때는 CEO가 되어 있을 자신을 그려보며 희망에 부푼다. 그러나 얼마 못 가 이 같은 희망은 현실과 타협하면서 '언제 그만두고 내 일을 시작할까?'로 바뀐다. 반면 김 부사장은 자신의 계획을 수정하지 않았고 계속 꿈을 위해 노력했다.

2. 좌절하지 말고 도전하라.

김병헌 부사장에게도 승승장구하는 장밋빛 시절만 있었던 것은 아니다. 1998년 강북본부장으로 발령받으면서 "이제 김병헌은 끝났다."는 말을 듣기도 했다. 기획만 하던 사람이 영업현장에 갔으니 막막한 것은 당연지사다. 게다가 강북본부는 전 영업본부 중 꼴찌를 하던 영업소였다. 그러나 '이젠 끝'이라고 좌절하며 새로운 길을 모색할 대부분의 사람들과 달리 김 부사장은 '내가 정말 실력이 있다면 어려운 과제를 맡았을 때 더욱 잘해야 한다.'며 스스로를 다잡았다.

김 부사장은 먼저 '꼴찌 본부를 탈피해보자.'는 의욕을 전 구성원이 공유할 수 있는 분위기를 만들었다. 실적 위주 관리에서 과정 관리, 인적 관리로 방법을 바꾸면서 직원들 사이에 의욕의 분위기가 무르익었다. 그리고 공유한 내용을 실천으로 연결하기 위해 각고의 노력을 기울였다. 이런 과정을 거쳐 강북본부는 2년 만에 전체 1위 영업소로 환골탈태했다.

이옥섭 태평양 기술연구원장 (부사장)

1951년생
부산고, 서울대 공업화학과 졸업
1976년 태평양 입사
1999년 태평양 기술연구원장 (상무)
2000년 태평양 기술연구원장 (전무)
2004년~현 태평양 기술연구원장
(부사장)

태평양은 수십 년째 국내 화장품업계 정상을 지키고 있는 업체
다. 그뿐인가. 태평양의 최고 히트상품으로 꼽히는 '설화수'는
단일 제품으로 연간 3,000억원 이상 어치가 팔려나가는 메가 베
스트셀러다. 연간 3,000억원 매출은 2위인 LG생활건강을 제외
한 3위 이하 각 업체의 매출보다도 많은 액수다. 이렇게 오랜 기
간 비교할 수 없을 정도로 앞선 1위 자리를 지킬 수 있던 것은 회
사 전체가 합심해 똘똘 뭉쳐 걸어왔기 때문일 것이다. 그중에서
도 눈에 띄는 인물이 바로 이옥섭 기술연구원장이다. '설화수'에
넣을 좋은 천연재료를 찾아내기 위해 전국 방방곡곡을 뒤지고 다

넜다는 바로 그 사람이다.

화학을 전공한 이 원장의 첫 직장은 모 페인트회사였다. 그러나 인체에 해로운 온갖 성분이 들어가는 페인트를 만들어야 하는 일이 싫었다. 고민 끝에 화장품업체에 다시 취업해야겠다는 생각을 했다. 적어도 얼굴에 바르는 화장품은 좋은 성분만 골라 쓰지 않겠느냐는 단순한 이유에서였다.

회사를 그만두고 나와서 당시 한국에 존재하는 모든 화장품업체 인사팀장들에게 편지를 보냈다. 그래봐야 열 손가락에 꼽을 정도였다. 그중 유일하게 태평양에서 답신이 왔다. 어떻게 지원을 하면 되고 시험은 무엇을 보는지 등에 대한 정성 어린 답신을 받은 후 바로 태평양에 지원하여 입사한 때가 1976년이다.

연구실에 배치된 이 원장은 그러나 화장품이 생각했던 것만큼 좋은 성분으로만 이뤄지지는 않았다는 사실을 알고 큰 충격을 받았다. "스킨케어 처방전을 봤는데, 방부제가 무척이나 많이 들어가더라구요. 방부제뿐이 아니었어요. 계면활성제는 왜 또 그리 많이 섞여 있는지. 자연스레 이런 성분들을 줄일 수는 없을까 하는 데 생각이 미쳤지요."

끝까지 파고드는 열정이 가져다준 성공

꼬박 3년 넘는 기간 동안, 정규 업무를 마치면 곧바로 화장품에서 좋지 않은 성분을 줄일 수 있는 실험에 몰두했다. 그러다 보니 퇴근은 밤 10시를 넘기기 일쑤였다. 그러나 아무도 알아주지 않는 일이었다. 고작 40여 명 남짓한 연구인력으로 신제품을 개발하기도 어려운 판에, 기존 성분을 개선하기 위한 노력은 사치로 보였기 때문이다. 방부제를 조금 덜 쓰면 부작용이 줄어들긴 하겠지만, 당시는 방부제가 얼마나 들어가는지에 대해 소비자들이 관심을 기울이지 않던 시절이었다. 그러니 업체가 나서서 방부제를 줄이겠다고 귀중한 인력과 시간을 소비하려 하지 않는 것은 당연한 일이었는지 모른다. 이 원장은 그래도 묵묵히 실험을 계속했다. 재미있었고, 의미 있는 일이라 여겼기 때문이다. 열정이라면 남부럽지 않다는 이 소장의 단면을 보여주는 사례다.

3년이 넘는 시간 끝에 드디어 방부제와 계면활성제를 절반 이상 줄일 수 있는 기술을 개발해냈다. 실험할 때는 아무도 관심을 두지 않았지만, 막상 결과물을 만들어내니 사정이 달라졌다. 당장 마케팅실에서 이 내용을 중심으로 광고를 만들겠다고 전해왔다. 그러나 이 원장은 광고에 반대했다. "아예 없으면 좋을 성분을 다 없앤 것도 아니고 조금 줄인 것뿐인데, 그걸 어떻게 자랑이라고 광고하느냐."는 주장이었다. 다분히 외골수 기술자다운 발상이다.

어쨌든 이 일을 계기로 주목받는 연구원이 된 이 원장은 '아모레 탐스핀 에버그린'으로 더욱 확고하게 실력을 인정받게 된다.

90년대 초반까지만 해도 화장품은 계절별로 구분돼 있었다. 봄에는 레몬, 여름엔 쿨, 가을엔 프레시, 겨울엔 보습, 하는 식이었다. 사실 이렇게 구분하여 팔게 된 것은 매출을 늘려보려는 화장품회사들의 전략 때문이었다. 봄에 봄철 화장품을 사 쓰던 소비자가 여름이 되면 봄 화장품을 그만 쓰고 여름 화장품을 사서 써야 할 것 같은 기분을 불러일으킴으로써 판매를 그만큼 늘릴 수 있는 여지가 만들어졌던 것이다. 반면 소비자로서는 계절마다 새로운 화장품을 사야 하는 과잉소비의 부작용이 뒤따랐다.

계절별 화장품 성분을 자세히 살펴보던 이 원장은 계절 화장품이란 개념이 의미가 없다는 생각을 하게 되었다. 계절별 화장품들의 성분이 전반적으로는 비슷한 상태에서 약간씩 다른 정도에 불과했던 것이다. 예를 들어 여름에 봄 화장품을 계속 쓴다고 해서 문제될 것은 별로 없을 듯했다. 오히려 미백을 원하는 소비자에게는 화이트 성분이 주가 되는 화장품을, 여름에는 자외선 차단 성분이 가미된 화장품을, 트러블이 많은 소비자에게는 산뜻한 느낌의 화장품을 제안하는 등 기능성으로 나누는 것이 훨씬 합리적이겠다는 결론을 내렸다. 그런 생각을 바탕으로 만들어낸 것이 바로 최초의 사계절용 화장품 '에버그린'이다.

이 제품을 판매하자며 내놓자 마케팅실에서는 말 그대로 난리가 났다. 매출 감소가 뻔히 예상되는 일을 왜 시도하느냐는 반대였다. 이 원장은 대신 "한 계절이 지날 때마다 팔리지 않고 재고로 남는 물량을 줄일 수 있는 방법"이라며 마케팅실을 설득했다.

또한 화장품업계 선두주자로서 약간의 매출 타격을 감수하고서라도 소비자에게 올바른 화장품 사용법을 알려주는 사명을 가져야 하지 않느냐는 자신의 생각을 전사적으로 알려나갔다.

결국 '에버그린'은 출시되었고, 에버그린 이후의 화장품은 계절별이 아닌 기능별로 나뉘게 되었다. 이 또한 이 원장의 열정이 아니었더라면 절대 이루지 못했을 일이라는 게 사내외의 평가다.

> "한 주제에 대해서 해당 분야 종사자들을 대상으로
> 하루 종일 이야기할 수 없는 사람이라면
> 열정적인 전문가라 할 수 없다."

설화수를 개발하면서는 한국 야생식물에 푹 빠졌다. 설화수가 천연물질을 재료로 한 한방화장품인 때문이다. 거문도 수선화 향이 좋다면 한걸음에 거문도로 달려가 수선화 향을 모아왔다. 제주도 한란 향이 좋다는 얘기에는 또 제주도까지 날아갔다. 한지를 만드는 사람들이 유난히 손이 곱고 하얗다는 사실을 알게 된 후로는 한지 재료인 닥나무를 끼고 살았다. 닥나무와 비슷한 뽕나무와 누에, 누에똥까지 하나하나 살펴보고 조사했다. 선운사 뒤 야생녹차 성분은 재배녹차 성분과 뭐가 다른지를 알아내기 위해 수많은 불면의 밤을 보내고, 여수 오동도 동백과 제주도 동백이 뭐가 다른지를 찾아내기 위해 꼬박 며칠 낮밤을 보내는가 하면, 인삼을 원료화하기 위해 전국의 인삼밭을 누비고 다니기도 했다. 피부에 좋은 재료를 찾기 위해 피부에 관한 내용은 거의 없다는 《동의보감》을 혹시 무슨 힌트라도 얻을 수 있을까 싶어 수십 번을 읽고 또 읽기도 했다.

이런 과정을 거치면서 이 원장은 확고한 원료철학을 구축하게 됐다고 전했다. "화장품 원료는 흔한 것, 사람이 재배한 것이어야 합니다. 흔하지 않은 야생식물은 원가가 너무 비싸서 대중을 위한 제품을 만드는 재료로 활용할 수 없어요. 단지 몇 명만을 위한 화장품은 의미가 없습니다. 그 제품을 사용하고 싶은 사람은 누구든 다 사서 쓸 수 있어야지요."

흔하고 재배하지 않은 것이란 이유로 정말 피부에 좋은 원료임을 확신함에도 불구하고 채택하지 않은 적도 여러 번이다.

한 분야에서 최고가 되어라

이 원장의 식지 않는 열정을 보여주는 또 한 가지 일화가 있다. 신입사원 시절에 시작되었던 계면활성제에 대한 관심의 끈을 놓지 않고 있던 이 원장은 80년대 초반 한양대학교에서 석사과정을 거치면서 계면화학 분야의 논문을 전부 찾아 읽었다. 이후 계면화학 분야의 최고 전문가 중 한 사람으로 떠오른 이 원장은 계면화학과 관련한 강의도 여러 차례 했다. "한 주제에 관해 해당 분야에 종사하는 사람들을 대상으로 하루 종일 얘기할 수 없는 사람이라면 열정적인 전문가라 할 수 없다."는 지론을 갖고 있다는 이 원장은 계면화학 분야에 대해서는 몇날 며칠이라도 이야기를 나눌 수 있다고 했다. 30년 화장품 외길을 걸어온 전문가의 열정이 고스란히 느껴지는 부분이다.

외국산 화장품과 품질을 비교한다는 것 자체가 무리일 정도로 품질이 형편없던 업계에 들어와 외국산 화장품에 뒤지지 않는 국산 화장품을 만들어냈지만, 그래도 이 원장은 아직도 하고 싶은 일이 너무 많다고 했다. 바르자마자 피부에 싹 스며들면서 촉촉한 느낌을 주는 크림, 절대 묻어나지 않는 립스틱, 감을 때는 거품이 잘 나는데 헹굴 때는 물 한 바가지만으로도 바로 헹궈지는 샴푸, 쉽게 그려지고 쉽게 지워지는 아이라이너 등등. 남은 인생 동안 그런 꿈꿔왔던 화장품들을 만드는 데 마지막 힘을 다하고, 은퇴한 후에는 정말 근사한, 교재로도 쓰일 수 있을 만한 화장품 책을 한 권 써보고 싶단다. 지금껏 옆길로 한 번 새지 않고 앞만 보고 달려온 이 원장의 향후 행보가 궁금해진다.

이옥섭 태평양 부사장의 성공 비결

1. 무조건 한 가지 분야에서 최고가 되어라.

이옥섭 태평양 부사장은 신입사원 시절부터 가졌던 계면활성제에 대한 관심을 계속 놓지 않고 있다가, 80년대 초반 한양대학교에서 석사과정을 거치면서 계면화학 분야의 논문을 전부 찾아 읽는 등 전문가가 되기 위해 큰 노력을 기울였다. 이후 계면화학 분야 최고의 전문가 중 한 사람으로 떠오른 이 원장은 계면화학과 관련한 강의도 수차례 했다. "한 주제에 대해서 해당 분야에 종사하는 사람들을 대상으로 하루 종일 이야기할 수 없는 사람이라면 열정적인 전문가라 할 수 없다."는 지론을 갖고 있다는 이 부사장은 계면화학 분야에 대해 몇날 며칠이라도 이야기를 나눌 수 있다고 했다. 이 정도의 열정을 지닌 전문가를 회사에서 반기지 않을 리 없다.

2. 돈이 안 되더라도 끝까지 파고들어라.

이옥섭 부사장은 신입사원 시절 업무 외에 별도로 '방부제와 계면활성제 줄이기' 작업에 몰두했다. 이 때문에 매일 10시 넘어 퇴근하는 날이 3년이 이어졌다. 그러나 그것은 아무도 알아주지 않는 일이었다. 고작 40여 명 남짓한 연구인력으로 신제품 개발도 어려운 판에, 기존 성분을 개선하기 위한 노력은 사치로 여겨졌다. 게다가 당시는 방부제가 얼마나 들어가는지에 대해 소비자가 관심을 기울이지 않던 시절이었다. 다들 그런 일에 왜 귀중한 시간을 소비하느냐 했지만, 이 부사장은 묵묵히 실험을 계속했다. 재미있었고, 의미 있는 일이라 여겼기 때문이다. 3년이 넘는 시간이 걸린 끝에 드디어 방부제와 계면활성제를 절반 이상 줄일 수 있는 기술을 개발해냈다. 실험을 할 때는 아무도 관심을 두지 않았지만, 막상 결과물을 만들어내니 사정이 달라졌다. 3년간의 노력은 결국 이후 이 부사장에게 탄탄대로를 만들어주는 계기로 작용했다.

자질 3 - 추진력

심재설 LS전선 기계사업본부장 (전무)

1953년생
한양대 기계공학과 졸업
1987년 LG전자 전기상품기획실장
1991년 LG전자 동경지사 개발지원실장
1998년 LG전선 기계CU 신사업 및 해
외협력부문장
2003년 LG전선 기계사업본부 사출시
스템 및 트랙터사업부장 (상무)
2005년~현 LS전선 기계사업본부장
(전무)

'계륵(鷄肋)'

20여 년 동안 LS전선(구 LG전선) 기계사업본부에 붙어 있던 딱
지였다.

LS전선 기계사업본부의 전신은 옛 한국중공업 군포공장. 1984
년 LG그룹에서 인수했지만, 20여 년 동안 이렇다 할 성과를 내지
못하면서 대표적인 문제 사업부로 낙인찍힌 곳이었다. 특히

1994년 이후 9년 동안 최악의 실적을 기록하던 기계사업본부는 IMF 외환위기와 함께 존폐 위기로까지 몰렸었다.

하지만 지난 2004년. 상황은 역전됐다. 2004년 LS전선 기계사업본부의 매출은 3,579억원. 영업이익 153억원, 수출 1억 달러 달성 등 대규모 흑자를 실현하며 일약 LS전선그룹의 효자 사업부로 급부상했다. 2006년 상반기에도 매출이 전년 동기 대비 16% 상승한 2,083억원, 영업이익은 무려 381%나 상승한 160억원을 달성하는 등 비약적인 발전을 거듭하고 있다.

대표적 문제 사업부를 2년 만에 효자 사업부로

이처럼 LS전선 기계사업본부가 계륵에서 핵심 사업부로 괄목상대하게 성장한 배경에는 2004년부터 기계사업본부장을 맡고 있는 심재설 전무가 있다. 심 전무는 지난 20여 년간 못했던 일을 2년 반 동안 해냈다는 평을 들을 정도로 LS전선의 변신을 이끌어 낸 장본인이다. 그는 특유의 추진력과 뚝심으로 변방 사업부를 핵심 사업부로 일약 탈바꿈시켰다. 최근에는 경기도 군포공장의 전주 이전과 중국공장 설립 등 굵직한 프로젝트를 진두지휘하며 LS전선그룹의 핵심 임원으로 자리 매김 하고 있다. 이처럼 문제 사업부를 효자 사업부로 환골탈태시킨 것이나, 그 결과로 대형 프로젝트를 책임지게 된 것은 모두 심 전무의 추진력 덕분이라는 것이 회사 관계자들의 전언이다.

물론 그의 추진력 비결이 단순한 '강단'이나 '밀어붙이기'에 있는 것은 아니다. 심 전무가 사업부를 맡을 때마다 가장 먼저 한 일은 공감대의 형성이었다. 변화와 혁신, 성장에 대해 임직원들이 의구심을 갖고 있으면 좋은 실적을 올릴 수 없다는 생각에서다.

"기계사업본부에서 사출시스템사업부를 맡았을 때였어요. 그곳은 20년 동안 안 좋은 부서로 찍혔었기 때문에 고민이 많았습니다. 임직원들도 과거의 타성에 젖어 강한 패배의식에 사로잡혀 있었죠. 이런 분위기부터 바꿔야 한다는 생각에 변화와 혁신에 대한 공감 형성에 나섰습니다."

심재설 전무는 1년 동안 사업부의 변화와 성장에 대해 직원들을 설득해나가기 시작했다. 1년 동안 매달 전 사원과의 대화를 통해 현재의 사업환경과 문제점, 앞으로 해야 할 일 등에 대해 지속적으로 공감대를 형성하는 작업에 들어간 것이다.

"물론 쉽지 않은 일이었지만, 제가 말한 대로 실제 업무가 집행되기 시작하면서 직원들이 하나둘 따라오기 시작하더군요. '한번 해보자'는 분위기가 본격적으로 형성되니 사업은 술술 잘 풀려나갔습니다."

심재설 전무의 추진력 비결이
단순한 '강단'이나 '밀어붙이기'에 있는 것은 아니다.
심 전무가 사업부를 맡을 때마다
가장 먼저 한 일은 공감대의 형성이었다.

맡는 부서마다 흑자로 전환시킨 '마이다스의 손'

심재설 전무의 두 번째 과제는 과거의 편법 사례와의 단절. 심 전무는 이를 가리켜 '도끼로 잘랐다'고 표현했다.

"문제가 있는 것을 두루뭉술하게 넘어가선 곤란합니다. '관행'이라고 하는 것들은 일부 반발이 있더라도 정확하게 해결하고 넘어갔습니다."

이런 과정을 통해 사출시스템, 트랙터 등 심 전무가 맡는 사업 부서마다 흑자 전환이 이뤄지면서 자연스럽게 임직원 간에 신뢰가 구축되기 시작했다. 맡는 사업부서마다 실적이 전환되면서 '마이다스의 손'으로 통하기 시작한 때도 이 무렵이다. 기계사업본부장에 오르면서는 전 사업부서가 흑자를 기록했다.

LG전자에서 임원으로 승진하면서 당시 그룹 내에서 대표적인 적자 사업으로 꼽히던 'LG전선 기계CU'로 자리를 옮긴 것 또한 심 전무의 소문난 추진력과 기획력을 믿은 경영진의 의중에서 비롯된 결과다. 심 전무가 LG전자 사원 시절부터 몸담았던 곳은 상품기획부문. 새로운 상품과 서비스를 만들어내는 곳인 만큼 타 부서와의 사업 조율은 물론, 업무 추진력은 필수다.

"전자사업의 특성상 무척 빠르게 움직이는 것은 물론이고 어떤 방식으로든 튀어야 했어요. 업무에서 오는 스트레스가 부담이 아니라 즐긴다는 마음이 강했죠. 10여 년 동안 그런 생활에 적응하다 보니 자연스럽게 기획력과 추진력이 몸에 밴 측면도 있습니다. 사업기획을 하면서 과장 말년 시절쯤부터 임원급 업무를 조금씩 배워왔어요. 예를 들어 신상품을 내놓으면 공장장급과 조율을 해야 하는데, 그런 과정을 통해 자연스럽게 추진력이나 사업 조율능력이 키워진 것 같습니다."

추진력, 편법 배재, 그리고 열정

심 전무가 말하는 추진력의 바탕은 선견력과 기획력이다.

"비즈니스를 한다는 말을 많이 하는데, 제가 생각하는 출발점은 먼저 사업에 대한 그림을 그리고 기획을 하는 것입니다. 우선 앞날을 읽은 다음 사업추진과정에서 변수가 생기면 끊임없이 수정 보완해가는 거죠. 결국 사업을 얼마만큼 잘하느냐도 궤도 수정을 얼마나 빨리 적절하게 해나가느냐에 달려 있습니다."

추진력에 대한 강조는 자연스럽게 '성장'에 대한 강조로 이어진다. "성장이 없으면 기업도 늙기 시작합니다. 기업도 생명체와 마찬가지로 늙기 시작하면 죽는 날만 가까워져요. 기업에서 성장은 생존의 문제죠. 추진력과 시장개척능력은 가장 중요한 임원의 자질입니다."

하지만 성장을 강조하다 보면 늘 발생하는 문제가 있다. 바로 편법과 뒷돈 거래. 사업과정에서 문제는 제도가 아니라 사람에 의해 생겨난다는 것이 심 전무의 지론이다.

"편법이 판을 치는 곳에서 정당한 방법만 고집하다 보니 '꼴통' 소리를 들은 적도 있습니다. 하지만 정공법만이 사업을 제대로 키울 수 있는 방법이라고 생각해요. 혼신의 힘을 다하고 사심 없이 일해서 손해를 본 적은 없습니다."

"전문성은 임원의 기본 자질이지만
그 이전에 열정이 중요합니다.
열정이 없으면 아무리 뛰어난 지식과 전문성을
갖추고 있더라도 오래가기 힘들죠."

심 전무는 후배들에게 기회가 있을 때 마다 '열정'을 가지라고 강조한다.

"전문성이 없으면 기본적인 임원의 자질이 없는 것이죠. 하지만 그 이전에 열정이 중요하다고 봅니다. 사람은 누구나 장단점이 있습니다. 못하고 잘하는 게 있는 셈이죠. 하지만 임원이 갖춰야 할 기본적인 덕목은 열정이에요. 열정이 없으면 아무리 뛰어난 지식과 전문성을 갖추고 있더라도 오래가기 힘들죠. 진정한 열정이 있다면 결국 부하직원들에게서도 인정받을 수 있습니다."

현장에서의 끊임없는 고민과 사업 추진력을 강조하는 심 전무는 스스로 '임원 월급이 얼마인지 모를 정도'로 회사업무에 집중한다.

대학에서 기계공학을 전공한 사람답게 기술적 감각도 강조한다. "문과 출신이 엔지니어링을 배우는 것보다, 엔지니어 출신이 경영을 배우는 게 더 쉽고 효율적입니다. 엔지니어적인 배경을 갖추고 있으면 상품기획이나 마케팅 쪽에서도 능력을 발휘할 수 있습니다. 공대 출신들이 외골수인 경우가 종종 있는데, 기업 경영에 관심이 있다면 사고의 유연성이나 금융·재무에 대한 감각을 갖추는 노력을 해야 합니다."

심 전무의 열정과 추진력은 취미인 사진 찍기에서도 잘 드러난다. 고등학교 때 배운 사진을 직장생활을 하면서 잊고 지내다 3년 전부터 다시 시작했다. 지난해엔 3년 동안 국내외 출장지 등에서 찍은 사진들을 모아 자신만의 달력을 만들어 지인들에게 선물하기도 했다. 취미생활을 하더라도 프로 못지않은 수준에 이를 정도로 '마니아 정신'이 강하다. 심 전무는 "사진에서 많은 것을 배운다."고 했다. "사진은 정성을 쏟는 딱 그만큼 반응한다." 면서 "사진을 찍는 마음처럼 일이나 취미에도 열정을 가지고 임하는 게 중요하다."고 강조한다.

심재설 LS전선 전무의 성공 비결

1. 추진력의 기본은 공감대 형성, 선견력, 기획력

심재설 LS전선 전무는 맡은 사업마다 흑자로 전환시키는 역량을 발휘해왔다. 사내에서도 '마이다스의 손'으로 통한다. 이러한 배경에는 심 전무의 추진력이 자리하고 있다. 물론 단순히 직원들을 밀어붙이는 게 추진력은 아니다. 심 전무가 말하는 추진력의 바탕은 선견력과 기획력이다. "먼저 앞날을 읽은 다음 사업추진과정에서 변수가 생기면 끊임없이 수정 보완해가는 거죠. 결국 사업을 얼마만큼 잘하느냐도 궤도 수정을 얼마나 빨리 적절하게 해나가느냐에 달려 있다고 생각해요."

또 하나 중요한 것은 바로 편법과 뒷돈 거래의 척결. 사업과정에서 문제는 제도가 아니라 사람에 의해 생겨난다는 것이 심 전무의 지론이다.

2. 열정을 가져라.

심재설 전무는 기회가 있을 때 마다 '열정'을 가지라고 강조한다.

"전문성이 없으면 기본적인 임원의 자질이 없는 것이죠. 하지만 그 이전에 열정이 중요하다고 봅니다. 사람은 누구나 장단점이 있습니다. 하지만 임원이 갖춰야 할 기본적인 덕목은 열정이에요. 열정이 없으면 아무리 뛰어난 지식과 전문성을 갖추고 있더라도 오래가기 힘들죠. 진정한 열정이 있다면 결국 부하직원들에게서도 인정받을 수 있습니다."

현장에서의 끊임없는 고민과 사업 추진력을 강조하는 심 전무는 스스로 '임원 월급이 얼마인지 모를 정도'로 회사업무에 집중한다고 했다. 되새겨봐야 할 대목이다.

신원수 SK텔레콤 컨텐츠사업본부장 (상무)

1963년생
경희대학교 졸업
1989년 한국이동통신(현 SK텔레콤)
      입사
2003년 SK텔레콤 뮤직사업팀장
2006년 SK텔레콤 컨텐츠사업본부장
      (상무) 겸 서울음반 이사, IHQ
      사외이사

　　SK텔레콤의 성공적인 음악 컨텐츠 서비스인 '멜론'에는 아버지가 있다!

　　바로 신원수 SK텔레콤 컨텐츠사업본부장을 두고 하는 말이다. 신 상무는 멜론 서비스를 기획단계부터 준비하여 오늘날 SK텔레콤의 대표적인 무선컨텐츠사업으로 자리 잡게 만든 장본인이다. 신 상무는 2003년 신생 사업팀인 뮤직사업팀을 맡아, 2004년 11월 멜론을 탄생시켰다. 이 과정에서 음악 관련 엔터테인먼트 업체를 직접 찾아다니며 산업에 대한 이해를 높인 것은 물론, 회사 안팎의 회의론을 극복한 신 상무의 추진력은 유명한 일화다.

2006년 초 임원으로 승진한 신 상무가 SK텔레콤의 컨텐츠 사업을 총괄하게 된 데에도 철저한 사업 추진력에 대한 평가가 자리한다. 신 상무는 SK텔레콤이 인수한 서울음반 이사와 IHQ 사외이사도 겸하고 있어, 엔터테인먼트 업계에서의 영향력 또한 상당하다.

성공한 유료 음악 서비스 '멜론'의 아버지

신 상무가 처음 SK텔레콤에 몸담은 때는 지난 1989년. SK텔레콤의 전신인 한국이동통신 시절이다. 처음 맡은 업무는 마케팅 쪽. 이동통신이 만들어지는 단계에서는 기술적인 배경을 갖춘 엔지니어 출신들이 상품개발의 중심축이었다.

"경쟁이 치열해지면서 기술 중심에서 자연스레 시장 중심으로 변화했어요. 이 과정에서 마케팅 부문과 기술 부문 간 인력교류를 통해 새로운 서비스를 시도해보자는 움직임이 생겨났고, 데이터상품팀장을 맡으며 컨텐츠사업에 첫발을 내디뎠습니다."

게임, 음악, 뉴스 등 컨텐츠를 총괄하는 포털사업본부에서 뮤직사업팀이 만들어졌다. 당시 음악시장에 대한 통신회사의 개념 자체가 형성되지 못한 단계에서 팀장을 맡은 배경은 개인적인 관심과 호기심 때문이었다.

"사내 오디오동호회 활동을 한 것이 음악에 조예가 있는 것으로 알려졌어요. 컨텐츠 관련 일을 하면서 개인적으로 음악 쪽에서 일해보고 싶다는 생각도 있었습니다. 제대로 일할 수 있다는 생각이 들었죠."

의욕적으로 시작했지만, 문제는 시장이었다. 당시 실시한 음악 컨텐츠 구매 의향 조사는 충격적이었다. 비용을 지불하고 디지털 음악 컨텐츠를 구매하겠다는 고객은 5% 미만으로 나타났다. 당시만 해도 디지털음악시장의 80%를 휴대폰 벨소리와 컬러링이 차지하고 있을 정도였다. 인터넷을 통해 공짜 음악파일을 다운로드받는 관행이 팽배한 상태에서, 유료 음악 서비스의 성공가능성은 높지 않아 보였다.

"멜론을 준비하면서 소비자들이 디지털음악 유료화를 긍정적으로 받아들일 만한 서비스를 만드는 일이 가장 힘들었습니다. 이를 위해 일정 기간 음악을 빌려 듣는 렌털 형식 서비스를 생각했는데, 5%에도 미치지 못했던 구매 의향이 25%까지 올라가더군요. 이후 관련 비즈니스모델을 구체화시키고 음반제작자 등을 대상으로 꾸준한 설득작업을 통해 업계의 동의를 구하는 등 현실적 타협점을 찾기 위해 노력했습니다."

이 과정에서 서비스에 회의적인 엔터테인먼트사업 관계자들과 사내 반대여론을 극복한 데는 신상무의 추진력이 한몫했다. 이에 대해 한 회사 관계자는 "신사업 추진의 당위성과 컨텐츠사업의 중요성을 강조하면서 사내 반대여론을 잠재울 정도로 무선컨텐츠 사업에 대한 의지가 강했다."고 당시 상황을 전했다.

결과적으로 멜론은 국내 디지털음악시장의 시작을 가져왔다. 이후 KTF와 CJ 등 다른 기업들도 디지털음악시장에 잇달아 진출했다. 무료 컨텐츠가 넘쳐나는 인터넷에서 멜론은 애플의 아이튠스와 함께 유일하게 상업적으로 성공한 유료 음악 서비스로 인정받고 있다.

"통신사가 컨텐츠사업을 하는 것에 대해서 무리한 사업다각화라는 지적도 있는 것으로 압니다. 하지만 통신 분야에서 네트워크의 진화는 빠르게 진행되는 데 비해, 이를 채워줄 컨텐츠사업의 발전은 더딥니다. 현재의 컨텐츠시장 구조로는 충분한 투자와 사업화가 쉽지 않은 게 사실입니다. 통신사들의 컨텐츠사업 참여는 시장 크기를 키운다는 점에서 긍정적인 효과가 크다고 생각합니다."

> "임원이라면 추진력과 통찰력을 가져야겠지만,
> 직원들의 창의성을 독려하고 발전시키는
> 조직문화를 조성하는 것도 중요합니다."

임원의 3대 덕목 - 책임감, 배려, 지혜

올 초 컨텐츠사업본부를 맡으며 임원으로 승진한 후 가장 큰 변화를 묻는 질문에는 '책임감'이라고 답한다.

"비즈니스 기회가 넓어졌다는 점은 가장 먼저 느낄 수 있는 변화입니다. 개인적으로는 혼자만의 공간이 생겨서 생각을 정리할 수 있다는 게 좋아요."

스스로 평가하는 점수는 50점. 조직원들이 편안하게 일하고 창의성을 발휘할 수 있는 환경이 중요하다는 점을 인정하지만, 여전히 실무 하나하나에 개입하고 싶은 마음이 굴뚝같다.

스스로 생각하는 리더십도 같은 맥락.

업계에서 추진력이 강하기로 소문나 있지만, 직원들에 대한 배려를 임원이 갖춰야 할 첫째 덕목으로 꼽는다. "임원이라면 기본적으로 추진력과 통찰력을 가져야겠지만, 무엇보다도 직원들의 창의성을 독려하고 이를 발전시킬 수 있는 조직문화를 조성하는 게 중요하다고 생각합니다. 구성원들과 아이디어를 함께 구상하고 고민하는 격의 없는 임원이 되기 위해 노력하고 있어요. 업무의 디지털화가 급격히 이뤄지고 있지만, 여전히 가치를 생산하는 주체는 창의적인 사람들입니다."

두 번째 덕목은 바로 지혜. 정제된 지식은 본인이 원한다면 얻을 수 있지만, 비즈니스를 하는 과정에서 문제에 봉착할 경우, 해결책은 지식보다는 사람에 대한 이해나 주변에 대한 배려에서 나올 가능성이 높다. 타인에 대한 이해와, 이를 전달하고 합리적인 컨센서스를 형성하는 것은 비즈니스를 하는 사람이라면 공통으로 느끼는 중요한 문제 해결 과정이라는 것이 신 상무의 생각이다.

"언어에 문제가 있다면 통역을 고용하면 되고, 법률적인 지식이 부족하다면 전문가에게 도움을 받을 수 있습니다. 하지만 비즈니스의 성공을 위해서는 단편적인 지식보다는 상황에 대한 종합적인 이해력과 판단력을 바탕으로 하는 '지혜'가 필요해요. 종종 '나는 맞는데 세상이 이해를 못한다.'고 말하는 사람들이 있는데, 그런 사람들은 임원으로서의 자격이 없다고 봐야죠."

임원을 꿈꾸는 직원들에게 전하고 싶은 인재상도 마찬가지. 회사의 역량과 함께 개인도 발전할 수 있어야 좋은 회사라는 생각이다. "직원들이 대리, 팀장 같은 포지션보다는 개개인의 가치를 발전시켰으면 합니다. 진취적으로 업무능력을 개발하고 스스로를 브랜드화하는 자세를 갖는다면, 회사는 물론이고 개인이 성장할 수 있는 구조가 만들어질 수 있다고 봐요. 좋은 역량을 가진 직원이 자신의 뜻에 따라 회사를 떠나더라도 박수를 쳐줄 수 있어야죠."

> "비즈니스의 성공을 위해서는 단편적인 지식보다는
> 상황에 대한 종합적인 이해력과 판단력을
> 바탕으로 하는 '지혜'가 필요해요."

최대 이동통신사에서 컨텐츠사업을 책임지고 있는 만큼, 사업에 대한 비전은 뚜렷하다. IT 진화과정에서 취약한 컨텐츠사업의 경쟁력을 강화하고, 선진화한 기법을 관련 업계에 이식하는 것. 이를 통해 SK텔레콤은 컨텐츠 서비스 분야에서 새로운 영역을 개척할 수 있다는 복안이다.

"사업 간 컨버전스가 급격히 진행되면서, 뚜렷하던 산업 간 경계도 불분명해지고 있어요. 기업의 가치사슬의 경계가 모호해지는 것인데, 사업의 기회가 늘어나는 만큼 리스크도 확대되고 있습니다. 컨텐츠와 통신사업의 결합이 세계적인 트렌드예요. 우리도 종합 미디어-컨텐츠 사업자를 가질 필요가 있습니다. 이를 통해 컨텐츠 서비스에서 투자와 영역 확대를 통한 사업경쟁력 강화가 이뤄져야죠."

신 상무가 드는 대표적인 사례가 바로 컬러링. 컬러링은 2001년 우리가 세계 최초로 상용화에 성공했다. 현재 중국시장의 경우, 불법복제음반이 시장을 장악한 가운데 통신사의 네트워크를 통해 구매할 수 있는 컬러링이 합법적인 디지털음원 거래로 인정받고 있다. 결국 이러한 비즈니스모델은 국내 기업들의 지역적 한계를 벗어나 새로운 시장을 개척하는 계기가 될 수 있다.

신원수 SK텔레콤 상무의 성공 비결

1. 시장은 만들어갈 수 있다.

신원수 SK텔레콤 상무의 최고 작품 중 하나는 음악 컨텐츠 서비스 '멜론'이다. 처음에는 유료 음악 서비스의 수익성에 대해서 모두들 의문을 품었다. 불투명한 사업성을 극복한 것은 신 상무의 컨텐츠사업에 대한 열정과 추진력이었다. 신 상무는 단순히 이미 존재하는 시장에 진출하는 게 아니라, 불분명한 시장에서 새로운 서비스를 만들어가야 한다는 생각을 했다.

'멜론'은 음악을 빌려서 듣는다는 렌털 개념을 도입하여 새로운 비즈니스모델을 만들어낸 것이다. 무료 컨텐츠가 넘쳐나는 인터넷에서 멜론은 애플의 아이튠스와 함께 유일하게 상업적으로 성공한 유료 음악 서비스로 인정받고 있다.

2. 팀원에 대한 배려는 기본이다.

신원수 상무는 사내에서 추진력 강하기로 소문나 있지만, 실제로는 직원들에 대한 배려를 더 강조한다. "임원이라면 기본적으로 추진력과 통찰력을 가져야겠지만, 무엇보다도 직원들의 창의성을 독려하고 이를 발전시킬 수 있는 조직문화를 조성하는 게 중요하다고 생각합니다."

정형화한 지식은 본인이 원한다면 얻을 수 있지만, 비즈니스를 하는 과정에서 문제에 봉착할 경우, 해결책은 지식보다는 사람에 대한 이해나 주변을 배려하는 태도에서 나올 가능성이 높다는 것이다. 타인에 대한 이해와, 이를 전달하고 합리적인 컨센서스를 형성하는 것은 비즈니스를 하는 사람들이라면 공통적으로 느끼는 중요한 문제 해결 과정이라는 것이 신 상무의 생각이다.

자질 4 - 뛰어난 전문지식

김기남 삼성전자 반도체연구소 전무

1958년생
강릉고, 서울대 전자공학과 졸업
1983년 KAIST 전자공학과 석사
1983년 삼성전자 반도체제품기술
1994년 미 UCLA 전기공학 박사

1999년 삼성전자 반도체연구소 이사보
2001년 삼성전자 반도체연구소 상무이사
2003년 삼성 펠로우
2004년~현 삼성전자 반도체연구소
      차세대연구2팀장 (전무)

'2005년 50나노 16기가 개발'

'2006년 40나노 32기가 개발'

삼성전자가 차세대 핵심사업인 낸드플래시 부문에서 해마다 집적도를 높인 새로운 제품 개발에 성공하면서 거두고 있는 성과들이다. 삼성전자는 낸드플래시 시장의 절반 이상을 차지하며 D램에 이어 새로운 성공신화를 써가고 있다.

삼성의 반도체 성공신화와 함께해온 25년 반도체 인생

이처럼 삼성전자가 차세대 반도체 분야에서 연구개발 성과를 이어가고 있는 이면에는 김기남 전무가 이끄는 연구팀이 있다. 김 전무가 이끌고 있는 삼성전자 반도체연구소 차세대연구2팀 200여 명이 365일 플래시 메모리 연구에 매진했기 때문에 가능했던 일이다. 차세대연구팀은 5년 뒤, 10년 뒤의 '먹거리'인 나노공정기술, 차세대 플래시, P램, M램, F램 등 미래형 반도체기술을 연구하는 곳이다.

이런 연구팀을 맡고 있는 만큼, 김기남 전무의 기술계에서의 명성은 상당하다. 대외적으로 드러난 것만 봐도 대용량 D램·플래시 메모리 등 메모리 고집적 기술을 선도한 공로를 인정받아 2003년에 IEEE(Institute of Electrical and Electronics Engineers, 국제 전기전자 기술인협회) 펠로우와 '삼성 펠로우'로 선정되었다. 또한 국제 유수의 학회(IEDM, SSDM 등) 위원으로 활동 중이며, 300여 편의 논문을 발표했다. 최근에는 낸드플래시 메모리 프로젝트 등 최첨단 미래 반도체 개발을 진두지휘하고 있다.

기라성 같은 CEO와 임원, 그리고 박사들이 즐비한 삼성전자이지만, 연구개발 부문에서 전문성을 갖춘 임원을 꼽으라면 김 전무가 첫 손에 꼽힐 정도다. 상당수 연구원들이 초기에는 연구소에 몸담다가 이후 관리직으로 경로를 바꾸는 데 비해, 김 전무는 연구개발에서만 전문성을 쌓아왔기 때문이다. 김 전무가 삼성전자 반도체연구소에 처음 몸담은 때는 1985년. 1997년에 연구소에서 이사로 승진했지만, 이후로도 연구현장을 떠나지 않고 있다. 삼성전자 입사 후 김 전무의 25년 반도체 인생은 삼성전자의 반도체 신화와 늘 함께한 셈이다.

김 전무는 메모리 고집적 기술을 선도한 공로를 인정받아 2003년에 'IEEE(국제 전기전자 기술인협회) 펠로우'와 '삼성 펠로우'로 선정되었다.

김 전무가 '반도체 외길'을 걷기 시작한 것은 서울대학교 전자공학과 3학년 시절의 일이다. "전자공학을 전공했는데, 딱히 마음에 드는 전문분야가 없었어요. 3학년 때 반도체 강의를 들었는데, 이거다 싶었죠. 그때부터 반도체에 관심을 갖고 대학원에 진학했습니다."

KAIST 재학 시절에는 삼성전자의 지원을 받으며 반도체 연구에 매진했다. 졸업 후 진로는 당시 반도체사업을 갓 시작한 삼성전자.

"당시 한국의 반도체산업은 시작단계에 불과했지만, 기술 발전속도가 빠른 분야였죠. 수년 후에 반드시 성공할 가능성이 높다고 판단했습니다. 반도체는 기술 부문이 큰 비중을 차지하는 만큼, 연구소가 밑바탕이 돼야 한다고 여겼죠."

처음에는 생산현장에서 반도체 제품 기술 관련 업무를 했고, 이후 연구소로 자리를 옮겼다. D 램 연구에 매진하다 1989년에 해외유학 기회가 주어졌다. 초기 반도체사업은 적자상황이었지만, 미래를 내다본 회사 측의 과감한 투자와 전문성을 갖추기 위한 김 전무의 노력이 맞아 떨어진 것이었다. UCLA에서 반도체로 박사학위를 받고 돌아온 곳도 역시 삼성 반도체연구소였다. 이후 김 전무는 1메가 D 램과 1기가 D 램 개발, 32기가 플래시 메모리 개발 등 삼성전자의 굵직한 연구성과와 함께했다.

이 중 가장 기억에 남는 것은 20년 전의 1메가 D 램 개발.

"당시 64Kb 기술을 외국에서 도입했지만, 기술이 축적되지 않아 사업 지속성에 문제가 있다는 판단이 나왔습니다. 독자적인 기술을 개발해야 한다는 결론이었죠. 그래서 회사 측에서는 미국 현지법인 연구팀과 반도체연구소에 각기 팀을 만들어 1메가 D 램 개발을 경쟁시켰습니다. 결국 당시에 제가 몸담았던 국내 팀의 기술이 채택됐는데, 그것이 반도체 메모리사업에 자신감을 갖는 계기가 됐습니다. 그때부터 본격적인 반도체 인생이 열렸다고 할 수 있습니다."

그때부터 삼성전자는 메모리 분야에서 1등을 뺏기지 않고 있다.

1997년 삼성전자 임원에 오른 후 이직이나 업무 변경에의 유혹은 없었을까?

"반도체 분야에서 전문가로 성장하기로 결정한 이상, 연구개

발이 핵심이라고 생각했습니다. 삼성전자 연구개발인력의 우수
성과, 프로젝트 단위로 팀을 만들어 연구에 집중하는 시스템 또
한 다른 생각을 못하게 한 요인들이죠."

연구개발 부문에서 성장한 만큼, 임원이 되고 난 후에도 외부
에서 느끼는 것만큼의 변화는 없었다고 한다.

"내부에서 보는 것과 다른 부분을 외부에서 요구받는다고 생
각합니다. 바깥에서 보는 잣대가 높은 만큼 행동이 더 조심스러
워지고, 다른 사람들을 좀 더 배려하기 위해 노력하고 있어요."

기술 변화와 창조적 파괴가 수시로 일어나는 분야인 만큼, 단
순히 임원이 됐다고 해서 전문성을 지속적으로 인정받을 수는 없
다. 김 전무의 노력 또한 남다르다. 외부에서의 학회활동을 통해
새로운 정보와 지식을 받아들이는 것은 물론, 사내에서의 학습활
동도 강조한다.

"80년대 말부터 연구소 내부에 '수요포럼'이라는 내부 토의
및 학습 조직이 가동 중입니다. 수요일 오후에 모여 각종 주제에
대해 토론하는 모임인데, 지금도 충실히 진행 중이죠."

이런 과정을 통해 삼성전자 반도체연구소의 기술수준은 세계
최고를 유지하고 있다는 것이 김기남 전무의 자랑이다.

"학회 발표 논문의 기술적 수준이나 경쟁업체의 집중도 등을
봤을 때, 메모리 분야에서만큼은 세계 1위라고 자부합니다. 인력
수준 또한 세계 최고죠."

"전문가로서 임원이 되기 위해서는
자신이 몸담고 있는 분야의 지식과 업무능력은 물론,
연결되는 지식 또한 닦아야 합니다.
최근에는 국제화와 외국어실력 등이 대표적이겠죠."

반도체 분야에서 최고의 전문가로 인정받고 있는 만큼, 후배와 부하직원들에게도 가장 강조하는 것이 공부다. '열심히, 빨리, 잘해라.'가 김 전무가 강조하는 자질이다.

"급격하게 변화하는 환경에서 스피드의 중요성은 아무리 강조해도 지나치지 않습니다. 열심히 하는 것은 기본이고, 빨리 잘할 수 있어야죠. 이를 위해서는 자기 분야에서 지식과 전문적인 능력을 쌓는 것이 선행되어야 합니다."

전문가로서 임원이 되기 위해서는 자신이 몸담고 있는 분야의 지식과 업무능력은 물론, 연결되는 지식 또한 닦아야 한다는 것이 그의 지론이다. 최근에는 국제화와 외국어실력 등이 대표적이라고 말한다.

"대학에서 공부를 하든 직장생활을 하든, 전문가로서 성공하기 위한 왕도는 없어요. 자신이 잘할 수 있다고 생각되는 분야에서 혼신의 힘을 다할 필요가 있어요. 본인이 기본적으로 열심히 해야 합니다."

김 전무는 이 같은 전문성을 인정받아 2003년에 '삼성 펠로우'로 선정되었다. 삼성 펠로우는 삼성 관계사의 기술인력 가운데 가장 탁월한 업적을 이룬 핵심 기술인력에게 수여되는 지위로, 파격적인 처우와 보상이 뒤따른다. 삼성 펠로우 제도는 2002년에 시작되어 1년에 2~3명씩밖에 선정되지 않으며, 삼성이 보유한 첨단기술의 상징이라는 점에서 삼성 기술인력의 꿈이자 목표가 되고 있다.

"연구개발 쪽에서 임원이 된다는 것은 다른 분야와 차이가 있는 것 같아요. 임원이 돼서 성공하겠다는 마음보다는 주어진 상황에서 최선을 다하면서 실력을 배양하는 것이 중요합니다. 그러다 보면 회사 발전에 기여하게 되고 전문성도 인정받게 되지요."

김기남 삼성전자 전무의 성공 비결

1. 한 우물을 파라.

기라성 같은 CEO들과 임원, 그리고 박사들이 즐비한 삼성전자이지만 연구개발 부문에서 전문성을 갖춘 임원을 꼽으라면 반도체연구소의 김기남 전무가 첫 손에 꼽힌다. 상당수 연구원들이 초기에는 연구소에 몸담다가 관리직으로 경로를 바꾼 데 비해, 김 전무는 연구개발에서만 전문성을 쌓아왔기 때문이다. 김 전무가 삼성전자 반도체연구소에 처음 몸담은 때는 1985년. 1997년에 연구소에서 이사로 승진했지만, 김 전무는 연구현장을 떠나지 않았다. 삼성전자 입사 후 김 전무의 25년 반도체 인생은 삼성전자의 반도체 신화와 늘 함께한 셈이다.

2. '열심히, 빨리, 잘하자'

반도체 분야에서 최고의 전문가로 인정받고 있는 김기남 전무가 후배와 부하직원들에게 가장 강조하는 것이 공부다. '열심히, 빨리, 잘해라.' 가 그가 강조하는 자세다.

"급격하게 변화하는 환경에서 스피드의 중요성은 아무리 강조해도 지나치지 않습니다. 열심히 하는 것은 기본이고, 빨리 잘할 수 있어야죠. 이를 위해서는 자기 분야의 전문지식과 전문능력을 쌓는 게 선행되어야 합니다."

김 전무는 또한 전문가로서 임원이 되기 위해서는 자신이 몸담고 있는 분야에서의 지식과 업무능력은 물론이고, 연결되는 지식 또한 닦아야 한다고 강조한다.

홍영도 KTF 재무관리부문장 (전무)

1960년생
전남대 회계학과 졸업
1985년 한국전기통신공사 입사
1990년 한국전기통신공사 경영기획실
1995년 한국전기통신공사 재무관리실
1999년 KTF 관리부문 재무담당 (이사)
2001년 KTF 경영지원총괄 재무실장
　　　　(상무보)
2004년~현 KTF 재무관리부문장 (전무)

　최근 공인회계사들이 일반 기업에 입사하는 경우가 드물지 않다. 회계사들의 숫자가 늘면서부터 나타나는 현상이다. 하지만 공인회계사 시험 합격이 쉽지 않은 만큼, 회사에 재직하면서 업무상 필요에 의해 회계사 자격증을 따는 경우를 찾기는 쉽지 않다. 이런 점에서 홍영도 KTF 재무관리부문장(전무)은 단연 눈에 띈다. KT(한국통신) 재무실에서 근무하던 중 회계사 시험에 도전하여 성공했기 때문이다. 회계사 시험을 본 이유는 물론 업무에서의 전문성을 높이기 위해서다.

KT그룹 내에서도 손꼽히는 재무 전문가

이런 노력 덕택으로 홍영도 KTF 전무는 KT그룹 내에서도 손꼽히는 재무 전문가로 꼽힌다. 홍 전무는 지난 1999년 만 37세의 나이로 KTF CFO 자리에 올랐다. 올해로 8년째다. 1985년 공채 3기로 KT에 입사, 14년 만에 임원 자리에 오른 홍 전무는 사내에서 재무 분야에서의 전문성을 바탕으로 성공가도를 달린 전형으로 손꼽힌다.

"똑같은 일을 하더라도 전문성을 더 높이면
대외적으로 업무에 더 신뢰를 쌓을 수 있고
추진력을 가질 수 있습니다."

홍 전무가 입사 후 처음 맡은 업무는 기획. 5년 정도 기획실에서 근무하다 눈을 돌린 곳이 대학 전공(회계학)과 관련이 깊은 재무업무였다. 재무실에 근무하던 1991년에 공인회계사 자격증을 취득했다.

"똑같은 일을 하더라도 전문성을 더 높이고 싶었습니다. 대외적으로 업무에 더 신뢰를 쌓을 수 있을 거라 여겼죠. 스스로는 하는 일에 추진력을 가질 수 있고, 남들에게서 인정까지 받을 수 있다면 금상첨화죠."

직접 실무를 하다 보니 시험공부가 학생 때보다 더 쉬웠다는 게 홍 전무의 설명이다. 하지만 물론 실제로는 각고의 노력이 따랐을 것이다. 홍 전무는 임원 8년차인 현재도 아침 7시경인 출근 시간을 늦추지 않는다. 과거에는 주말을 반납한 것은 물론, 저녁 10시 전에 퇴근한 적이 드물었다.

"당시 서울 은평구 불광동 쪽에 살았는데, KT 광화문 사옥에서 12시 정도에 퇴근하면 집으로 가는 마지막 전철을 탈 수 있었어요. 한참 공부할 때는 마지막 전철로 퇴근하고, 집에 가서 다시 책을 펴곤 했습니다."

성공한 CFO로 자리 매김 한 데에는 재무 외에 다양한 분야를 두루 섭렵한 것도 큰 도움이 되었다. 재무실에서 일하기 전에는 기획업무를 통해 회사의 전반적인 업무를 익힐 수 있었고, 잠시지만 일선에서 마케팅업무를 담당하기도 했다.

"CFO의 역할은 단순히 돈 관리를 떠나 기업의 전반적인 가치를 높이는 쪽으로 확대되고 있습니다. 재무업무가 다른 부서들의 업무와 연관성이 높아지고 있는 만큼, 회사의 성장을 위해서 CFO나 재무업무 담당자들은 다른 업무에 대해서도 정통해야 합니다. 저 개인적으로는 기획업무를 해본 것이 CFO 일에도 도움이 많이 됐어요."

지금의 KTF가 설립될 당시 인사업무를 담당해 온갖 외압을 이겨내고 철저하게 중립성을 지켜낸 이야기는 지금도 사내에서 유명하다. 1997년에 KTF가 설립되기 전, 이동통신사업을 위한 전

담조직이 만들어졌는데, 당시 인사업무를 맡게 된 사람이 홍 전무였다.

"KTF는 새로 만들어지는 회사였습니다. 당연히 인사업무에 각종 외풍이 불 가능성이 높다고 생각했죠. 간부회의 자리에서 '인사업무만큼은 외압이 없어야 한다.'고 강하게 주장했습니다. KT 사장과 정보통신부 장관을 지낸 이상철 전 장관이 그 말을 듣고 저에게 '당신 같은 사람이 인사를 맡아야 한다.'고 말씀하시더군요. 그래서 잠시 외도 아닌 외도를 하게 됐습니다."

로이터 기관투자가 보고서 선정 한국의 베스트 CFO

이후, 홍영도 전무는 KTF 경영지원팀장을 거쳐 1999년 30대의 나이에 재무담당 임원에 올랐다. 재무담당 임원을 맡은 후 홍 전무는 1999년 말, 당시로서는 큰 금액이었던 5억 달러 외자 유치, 한솔엠닷컴 인수, 한통엠닷컴과 KT아이컴 합병, 코스닥 등록과 거래소 이전, NTT도코모의 지분 참여 등 굵직한 업무를 도맡아 처리했다.

무난한 일처리와 업무에 대한 전문성으로 홍 전무는 통신업계에서 대표적인 CFO 중 한 명으로 자리 잡았다. 그 덕분에 출범 당시에는 후발 주자에 불과했던 KTF는 현재 1,300만 명이 넘는 가입자를 보유한 업계 2위 업체로 성장할 수 있었다. 특히 1999년 IMF 경제위기 직후 어렵던 시절 홍 전무는 회사의 재무적 기초를 튼튼히 했다. 1999년 12월 코스닥 상장과 2004년 거래소 이전 등도 회사 성장의 계기가 됐다.

홍 전무가 오늘날 KTF가 있기까지 누구보다 큰 역할을 했다는 평가를 받고 있는 것도 이 덕분이다. 홍 전무는 또한 2003년에는 '로이터 기관투자가 보고서'에서 한국의 베스트 CFO로 선정되기도 했다.

"일이 즐겁고 재미있어야 열심히 할 수 있어요. 이런 점에서 창의력이 중요하다고 생각합니다. 업무에 새로운 아이디어를 가미하다 보면, 일이 즐겁고 재미있어집니다. 24시간 새로운 아이디어를 떠올리는 일에 주의를 기울여야 해요."

회사일을 하다 보면 매너리즘에 빠지기 쉽고, 단순히 착실히 일하는 것만으로는 사내에서 두각을 나타내기 힘들다는 것이 그의 지론이다.

홍 전무가 전문성과 창의성을 발휘하기 위해 기울인 노력을 보여주는 사례 하나.

"KT에서 예산담당 업무를 할 때였어요. 당시 막 PC가 도입되기 시작했는데, 가만히 보니 컴퓨터로 '예산 자동화'가 가능할 것 같았어요. 요즘에야 그런 프로그램들이 널려 있지만 당시는 그렇지 못했죠. 그래서 직접 공부해가며 프로그램을 짰어요. 전화국 정보를 넣어서 예산을 합리적으로 계산해주는 프로그램이었는데, 당시 회사 상사들이 깜짝 놀라더군요." 홍 전무는 이때 정보

처리기사 자격증을 갖게 됐다.

홍 전무가 강조하는 리더십도 이런 일처리와 무관하지 않다. 조직의 리더는 직원들이 일하기 편하게 해주는 데 일조해야 한다는 것.

"일하는 게 즐거울 수 있게 해줘야 하고, 일에 대한 가치를 인정해줘야 합니다. 그러기 위해서는 칭찬을 아끼지 말아야 하고, 재량 위임과 지원에 적극적이어야 해요. 직원들이 그런 과정을 통해 일에서 보람을 느껴야 합니다. 자신의 일에 대한 인정과 가치를 느끼는 것은 단순히 일을 해서 돈을 번다는 것을 넘어서야 합니다."

홍 전무의 'CFO론' 또한 단순히 기업의 돈 관리에 머물지 않는다. 시장과 회사경영을 연결해주는 것이 CFO의 역할이라는 것이 그의 지론이다. 이 과정에서 시장의 요구와 대주주의 이해관계 등을 조정하는 능력이 점차 중요해지고 있다는 것이 홍 전무의 생각이다.

"회사의 주인은 주주입니다. IR을 통해 회사의 내용을 시장에 알리는 것과 시장의 요구를 회사 경영에 반영하는 것이 CFO의 역할입니다. 그냥 사업을 유지하는 것이 아니라 주주와 종업원, 고객과 국가, 사회 등 다양한 이해관계자들의 입장을 조절하고 동시에 회사의 가치를 높여가야 합니다. 그러기 위해서는 끊임없이 고민하고 생각해야 하는 것은 물론이고, 회계정보에 대한 왜

곡이 없도록 윤리경영과 투명경영을 위해서도 각별히 노력해야
합니다."

홍 전무의 'CFO론'은 단순히 기업의
돈 관리에 머물지 않는다.
시장과 회사경영을 연결해주는 게
CFO의 역할이라는 것이 그의 지론이다.

성공한 CFO로 평가받고 있지만, 전문성을 키우기 위한 노력은
요즘도 멈추지 않고 있다. 7시에 출근한 홍 전무가 하는 일은 인
터넷을 통해 중국어를 공부하는 일. 기업의 글로벌화가 급격히
진행되는 상황에서 임원이라고 해서 외국어 공부를 게을리 할 수
없기 때문이다. 일본어는 별도의 사내 스터디그룹을 통해서 공부
하고 있다. 이뿐 아니다. 빠르게 변화하는 통신사업의 흐름과 재
무 관련 기법을 알기 위해 사내외에서 나오는 각종 보고서를 빠
뜨리지 않고 챙겨 본다.

전문성과 창의력은 기본적으로 '책'과 '지식'을 통해서 나온
다는 것이 홍 전무의 변함없는 생각이다. 자기 분야에 대한 전문
지식을 갖추는 일은 임원이 되기 위해 노력하는 사람들이 반드시
거쳐야 할 관문이다.

"자기 역할을 하는 것에 만족해서는 안 됩니다. 자기 분야에서

최고가 돼야겠다는 결심이 있어야죠. 최고가 되기 위해 노력하다

보면 자연히 사내외에서 인정을 받을 수 있어요."

"자기 역할을 하는 것에 만족해서는 안 됩니다.

자기 분야에서 최고가 돼야겠다는 결심이 있어야 합니다."

홍영도 KTF 전무의 성공 비결

1. 자신의 업무에서 최고의 전문가가 되어라.

홍영도 KTF 재무관리부문장은 공인회계사 자격증을 가지고 있다. 회계사가 된 후에 KT(한국통신)에 입사한 것이 아니다. 재무실에서 근무하던 중 회계사 시험에 도전해 성공한 것이다. 이유는 물론 업무에서의 전문성을 높이기 위해서였다. 이런 노력 덕택으로 홍영도 KTF 전무는 KT그룹 내에서 손꼽히는 재무 전문가로 꼽힌다.

"똑같은 일을 하더라도 전문성을 더 높이고 싶었습니다. 그러면 대외적으로 업무에 더 신뢰를 쌓을 수 있을 거라 여겼죠. 스스로는 하는 일에 추진력을 가질 수 있고, 남들에게서 인정까지 받을 수 있다면 금상첨화죠."

2. 전문지식을 토대로 창의적 노력을 병행하라.

홍영도 전무에게는 재미있는 일화가 있다.

"KT에서 예산담당 업무를 할 때였어요. 당시 막 PC가 도입되기 시작했는데, 가만히 보니 컴퓨터로 '예산 자동화'가 가능할 것 같았어요. 요즘에야 그런 프로그램들이 널려 있지만 당시는 그렇지 못했죠. 그래서 직접 공부해가며 프로그램을 짰어요. 전화국 정보를 넣어서 예산을 합리적으로 계산해주는 프로그램이었는데, 당시 회사 상사들이 깜짝 놀라더군요." 홍 전무는 이때 정보처리기사 자격증을 갖게 됐다. 전문성과 창의성을 발휘하기 위해 기울인 노력을 보여주는 사례다.

자질 5 – 원만한 대인관계

이승형 GS건설 플랜트사업본부 상무

1955년생
한국항공대 기계공학과 졸업
1981년 현대건설
1986년 럭키엔지니어링(현 GS건설)
　　　　설비사업부
1989년 럭키엔지니어링 플랜트사업1부
2004년~현 GS건설 플랜트사업본부
　　　　국내정유플랜트담당 상무

　　이승형 GS건설 상무는 사내는 물론 사외에서도 '인간성 좋은
사람'으로 통한다. 스스로는 "50여 명이나 되는 많은 사내 임원
들 가운데 한 명일 뿐, 특별한 게 없다."고 자신을 소개하지만, 다
들 '겸손의 말'일 뿐이라고 귀띔한다.

　　사실 이 상무는 겉모습만 놓고 보면 처음부터 그리 쉽게 친해
질 수 있는 인상은 아니다. 선 굵은 외모에 상대방을 꿰뚫는 날카

로운 눈빛을 갖고 있어서 쉽게 다가서기 힘들어 보인다. 이 상무 자신도 자신의 외모에 대해 시쳇말로 '비호감형'임을 인정한다. "그래도 요즘은 비호감형이 먹히는 시대 아니냐?"는 식으로 특유의 유머감각을 발휘하면서 분위기를 부드럽게 하는 걸 보면, '뭔가 있기는 분명히 있다' 싶다.

자신의 첫인상이 강하다는 점을 잘 알고 있기 때문에 이 상무는 평소 상대방에게 부드러운 이미지를 심어주기 위해 부단히 노력해왔다. 특히 재미있는 이야기를 들으면 반드시 메모해뒀다가 다른 장소에서 써먹는 식으로 유머감각을 키워왔다. 가끔은 '썰렁한' 분위기가 연출되기도 하지만, 그래도 이 상무의 이런 노력은 강성 이미지를 누그러뜨리는 데는 제격이다.

"제가 보더라도 처음 봤을 때는 친해지기 어려울 것 같은 인상이에요. 또 성격도 급한 편이라서 막 다그치는 면도 있죠. 그래서 노력을 많이 했어요. 분위기를 좋게 하기 위해 유머를 가미하고, 성격을 누그러뜨리려고 답답한 마음이 들 때는 오른손 검지로 왼손 손바닥에 참을 인(忍)자를 반복해서 쓰기도 하는 식으로 말이죠."

이 상무의 얘기처럼, 그의 폭넓은 인간관계와 원만한 대인관계의 힘은 후천적인 노력에 의해 이뤄졌다고 해도 과언이 아니다. 실제 그는 고등학교, 대학교 시절까지만 해도 나서는 것을 별로 좋아하지 않았다. 아니, 오히려 싫어했다. 당연히 있는 듯 없는 듯, 크게 두드러지는 학생이 아니었다. 이런 성격은 군대생활을 거치며 조금씩 변했고, '거친' 건설업계에 발을 들이면서는 완전히 변했다.

임원의 최고 자질은 '사람 관리'

한국항공대학교 기계공학과를 졸업하고 1981년에 현대건설에 입사하며 사회에 발을 들인 이승형 상무는 1986년에 럭키엔지니어링(현 GS건설)으로 자리를 옮겼다. 이제 GS건설 밥을 먹은 지 20년. 그 사이 이 상무는 주로 영업, 공사수주, 공사현장 등 '전투부서'에서 근무해왔다. 현재 맡고 있는 직책은 플랜트사업본부 국내정유플랜트담당 프로젝트매니저. 정유플랜트는 GS칼텍스를 관계회사로 둔 GS건설이 가장 경쟁력을 인정받고 있는 사업부문 가운데 하나다.

프로젝트매니저는 업무 성격상 한 기업의 CEO와 다름없다. 자신이 맡고 있는 사업에 대한 권한이 막대한 만큼 책임도 크다. 대외적으로는 담당 프로젝트에 대해 회사를 대표하고, 대내적으로는 한정된 회사 자원을 활용하여 해당 프로젝트를 성공적으로 이끌어야 한다.

"공사 발주처에 가서는 회사를 대표하는 인물로 끈끈한 관계를 맺어야 하고, 회사에 들어와서는 기획, 예산, 구매, 검사 등 관리부서와 좋은 관계를 유지해야 전체 프로젝트를 무난히 마무리할 수 있는 자리가 바로 프로젝트매니저예요. 건설사 임원이 되면 이런 자리를 맡게 되는 경우가 많죠. 다양한 이해관계를 지닌 다양한 위치의 사람들을 만나기 때문에, 그들과의 관계를 어떻게 유지해가느냐가 사업의 성패를 결정하곤 합니다."

이 상무는 다른 업종도 마찬가지겠지만 특히나 건설사에서는 책임자급 인물이 주위 사람들과 얼마나 친밀한 관계를 맺고, 어떻게 사람들을 관리해나가느냐에 따라 성과가 크게 달라질 수밖에 없다고 강조했다. 아무리 시스템경영이 강조된다고는 하지만, 건설사에서는 아직도 시스템보다는 '사람'의 역할이 크다는 얘기다. 이 상무가 건설사 임원의 최고 자질 가운데 하나로 '사람 관리'를 꼽는 이유다.

"건설사가 가장 대표적이긴 하지만, 건설사뿐 아니라 여타 업종도 결국 마찬가지예요. 기업 간 비즈니스는 기업을 대표하는 사람과 사람이 만나 이뤄집니다. 사람과 원만한 관계를 만들어내지 못하면 비즈니스를 완성시킬 수가 없어요."

> "비즈니스는 기업을 대표하는 사람과 사람이 만나 이뤄집니다.
> 사람과 원만한 관계를 만들어내지 못하면
> 비즈니스를 완성시킬 수가 없어요."

"나를 낮춰야 남을 존중하게 되죠."

그는 "자신을 낮출 줄 알아야 다른 사람에 대한 존중이 나온다."고 강조한다. 자신을 낮출 때 비로소 스스로 높아지고, 다른 사람을 존중했을 때 자기 자신에 대한 존중도 이끌어낼 수 있다는 마음자세다. 또한 다른 사람에 대한 배려가 모든 인간관계의 시작이라고 덧붙였다. 자신보다는 다른 사람들에게 먼저 기회를 주는 배려를 했을 때 상대방의 마음을 얻을 수 있다는 논리다. 이런 그의 성격과 행동을 보여주는 단적인 예 한 가지. 그는 상대방과의 전화 통화에서 단 한 번도 먼저 전화를 끊어본 적이 없다.

"상대방에서 전화를 끊어 '딸깍' 소리가 나야 비로소 통화 종료 버튼을 누르거나 수화기를 내려놓습니다. 아무리 바쁜 일이 있어도 이 원칙은 꼭 지키려고 하죠. 아주 사소한 습관이라고 생각할 수 있지만, 이런 작은 차이가 결국에는 큰 차이를 만들어내게 되는걸요."

이 상무는 나름의 대인관계 형성비법을 갖고 있다. 그는 후배 샐러리맨들에게 자신만의 몇 가지 인물 관리 노하우를 공개했다.

우선 상대방에 대한 관심이다. 파트너에 대한 정확한 이해 없이는 그 사람과 친해지기 어렵다는 게 이 상무의 생각이다. 이 때문에 그는 처음 만나는 사람과의 약속에 앞서서 반드시 그 사람이 어떤 사람인지를 챙긴다.

상대방을 만났을 때는 절대 서두르지 않는다. 모든 일이 그렇듯, 첫 술에 배부를 수는 없다. 특히 신뢰가 바탕이 돼야 하는 사람들끼리의 관계에서는 서두르다 보면 오히려 역효과가 날 수 있다. 대화를 나눌 때는 공감대를 형성할 수 있는 대화로 유도하는 게 중요하다. 같은 배에 타고 있다는 동료의식을 공유할 수 있다면 이미 성공적인 관계 맺기에 성공한 셈. 이 과정에서는 특히 적절한 수긍과 맞장구가 중요하다. 관계가 조금 더 진전된 후에는 상대방의 장점을 파악하고 이를 칭찬한다면 훨씬 더 가까운 사이가 될 수 있다.

애조사(哀弔事)를 반드시 챙기는 것도 중요한 원칙이다. 이는 인맥 관리의 달인들이 한결같이 강조하는 원칙이기도 하다. 마당발에게 있어서 시간 관리는 생명이다. 그러다 보면 주위 사람들의 모든 애조사, 경사(慶事)를 챙긴다는 것은 물리적으로 불가능하다. 그래서 가끔 경사에는 참석하지 못할 경우도 생기지만, 적어도 애조사에는 반드시 얼굴을 내민다.

관계를 더욱 깊게 만들고 싶을 때는 '남자들만의 관계'에서 '가족 간 관계'로 전환하는 것도 좋은 방법이다. 그는 "남자들만의 관계에서 가족 간 관계로 발전하면 관계의 깊이가 한 단계 더 깊어진다고 봐도 된다."고 강조했다.

한편 이 상무는 임원을 꿈꾸는 후배 직장인들에게 '일에서 재미를 찾으라.'고 조언했다. 결국 일을 즐길 줄 아는 사람이 승자가 될 수 있다는 의미다. 그것이 30년 가까운 조직생활에서 그가 깨달은 교훈이다.

"비즈니스를 업무로만 생각하면 한없이 지루하고 힘든 일이 될 겁니다. 그러나 일을 해나가는 과정에서 보람을 찾고, 사람들과 관계를 맺으면서 재미를 찾아내면 오히려 일은 축복이 되죠. 즐거운 마음으로 일을 하다 보면 일을 통해 만나게 되는 사람들과의 관계도 더 좋아지고, 먼저 웃으며 인사를 건넬 수 있는 여유가 생길 겁니다."

"일을 해나가는 과정에서 보람을 찾고,
사람들과 관계를 맺으면서 재미를 찾아내면
일은 축복이 되죠."

이승형 GS건설 상무의 성공 비결

1. 자신을 낮춰 남을 높여라.

GS건설 이승형 상무는 강한 첫인상과 달리 사내외에서 '인간성 좋은 사람'으로 통한다. 그는 다른 사람을 배려할 줄 안다. "한 번도 상대방이 전화를 끊기 전에 수화기를 내려놓은 적이 없다."는 것은 그의 마음가짐을 그대로 보여주는 말이다. 특히 자신을 낮춰야 다른 사람이 보이기 시작한다는 이 상무의 말은 샐러리맨이라면 기억할 만한 이야기다. 상대방에 대한 관심과 배려는 인간관계를 넓힐 수 있는 가장 큰 원동력이다. 이 상무는 인간관계를 더욱 좋게 하기 위해서는 썰렁한 유머도 마다하지 않는다.

2. '사람 관리'가 리더의 최고 덕목이다.

이승형 상무는 리더의 최고 자질로 '사람 관리' 능력을 꼽는다. 자기 자신의 능력만 뛰어나다고 해서 리더가 되는 게 아니며, 자신이 이끌고 있는 팀의 능력을 최대로 끌어올려야만 비로소 리더가 될 수 있다고 강조한다. 팀은 공동체다. 팀이 최고의 성과를 내기 위해서는 리더가 팀을 어떻게 하나로 묶어 같은 목표를 향해 나아갈 수 있게끔 하느냐가 중요하다. 아무리 시스템경영이 강조된다고 해도, 결국 조직의 힘은 사람에서 나오고, 사람 관리를 어떻게 하느냐에 따라 성과가 달라진다.

자질 6 – 성실성

장지호 (주)한진 택배영업부 상무

1957년생
경북대 지질학과 졸업
1984년 (주)한진 입사
1986년 (주)한진 기획관리실
1992년 (주)한진 물류개발팀장
1997년 (주)한진 물류마케팅팀장
2000년 (주)한진 EC사업팀장 겸 택배
　　　전략팀장
2006년 (주)한진 택배영업부 상무

(주)한진의 전체 임직원은 2,800여 명. 이 가운데 대표이사를 포함해 모두 23명이 임원이다. 121명 중 한 명이 임원인 셈이다. 23명의 임원 가운데 '가장 전형적인 한진의 임원상(象)'을 꼽아 보면 누구일까. 많은 사람들은 장지호 택배영업부 상무를 꼽는 데 주저하지 않는다.

'소싸움'으로 유명한 경상북도 청도 출신인 장 상무는 자신을

'특별히 내세울 게 없는, 무색무취한 사람'이라고 설명한다. 사내의 평가도 이런 장 상무 자신의 평가와 크게 다르지 않다. 그러나 한 가지 사실에서 분명 그는 '독한' 사람이다. 회사일이라면 물불을 가리지 않는다. 이 때문에 가끔 '경쟁적이다', '도전의식이 강하다'라는 평가를 받기도 하지만, 이는 회사일에 완벽을 기하려다 보니 받게 되는 평가다. 한 사내 인사는 "성실성이라는 추상적인 개념을 점수로 매긴다거나 따로 설명하기 어려울 수는 있지만, 장 상무의 회사생활을 보고 있노라면 그 개념을 120% 이해할 수 있다."고 얘기한다.

> 장지호 상무는 회사일이라면 물불을 가리지 않는다.
> 이 때문에 가끔 '경쟁적이다', '도전의식이 강하다'라는
> 평가를 받기도 하지만, 이는 회사일에
> 완벽을 기하려다 보니 받게 되는 평가다.

'120% 성실한 사람'

장 상무는 1984년에 경북대학교 지질학과를 졸업한 후 한진그룹에 입사했다. 학창시절, 기자가 되겠다는 꿈을 갖고 있었지만 워낙 경쟁이 심해 꿈을 이루지 못했다. 졸업을 앞두고 현실적인 문제로 돌아왔을 때도 별로 운이 좋은 편이 아니었다. 당시 몇몇 대기업에 원서를 냈지만 고배를 마셨다. 그러다 마침내 한진에서

기회를 잡을 수 있었다. 어렵게 회사에 들어온 사람만이 진정한 회사의 가치를 안다는 말처럼, 장 상무는 한진그룹 입사 합격통지서를 받아들었을 때부터 '한진과 함께 성장하겠다.'는 뜻을 굳혔다.

"사실 그때만큼 비장한 마음으로 각오를 다진 적이 없었을 겁니다. 지금 신입사원들은 쉽게 공감하기 어려운 부분일 수도 있지만, 당시만 해도 분위기가 그랬습니다. 경력이 쌓이면서 여기저기서 스카우트 제의도 있었고 전직 기회도 있었지만, 여기서 일하는 것을 천직이라 생각하고 23년을 근무했죠."

그래서인지 처음 한진그룹에 입사해 정비부에서 근무할 때부터 장 상무는 꽤나 '튀는' 신입사원이었다. 지질학과 출신이라 정비 실무에 정통하지 못했던 그는 밤마다 야근을 자청하며 자동차 메커니즘에 대해 공부하기 시작했다. 그러기를 몇 달, 가끔 심야에 걸려오는 전화를 몇 번 받았더니 회사에 싫지 않은 소문이 나기 시작했다. '일을 찾아서 할 줄 아는 신입사원'이라는 평가였다.

또 한 번은 회사에서 직원들의 영어학원 수강증을 끊어주고 영어 공부를 지원해준 적이 있었다. 처음에는 26명이 강의를 듣기 시작했으나, 시간이 지나면서 하나둘씩 수강생이 줄기 시작했다. 그러다 결국 6개월이 지나면서 2명만이 남게 됐는데, 그중 한 명이 바로 장 상무였다. 그만큼 그는 자신이 속한 자리에서 항상 맡은 바에 최선을 다하는 사람이다.

이렇게 어느 위치에서든 자신에게 주어진 일에 대해 '완벽하다'는 평가를 받기까지 무리를 한 덕에, 생사의 고비를 넘긴 적도 있다. 1988년에 장 상무는 '위 카시노이드 종양'이라는 병에 걸려 서울대학교 병원에 50일 가까이 입원하여 치료를 받았다. 당시 그는 위의 일부를 절제하는 수술을 받으며 생사를 넘나들었다. 회사업무 외에, 회사가 지원해줬던 인하대학교 경영대학원 과정을 마치기 직전의 일이었다.

당시 장 상무는 경영대학원 내에서도 회사가 가장 필요로 하는 분야였던 '교통학과'를 지원해서 공부하고 있었다. 그런데 교통학과 과정이 결코 만만하지가 않았다. 전문적인 내용을 워낙 많이 포함하고 있어서 여간 공부하기 어려웠던 게 아니다. 장 상무의 성격상 '대충' 할 수는 없었다. 역시, 병의 원인은 과로였다. 낮에는 회사일을 하고 밤에는 대학원에 다니면서 미처 자신을 돌볼 겨를이 없었다. 수시로 밤을 새고 밥을 제때 챙겨먹지 못하다 보니, 병을 스스로 키운 것이다.

"젊은 시절, 정말 물불 안 가리고 열심히 일하던 시절에 생긴 일이에요. 그래도 젊은 시절에 있던 일이라 회복할 수 있었던 것 같아요."

48일 만에 퇴원한 그는 곧바로 회사로 달려왔다. 주위에서는 '독하다'는 말이 나올 수밖에 없었지만, 그는 개의치 않았다.

'항상 기본에 충실하라'

장 상무는 가끔 회사 사보나 인터넷 게시판에 글을 남긴다. 젊은 시절에 기자가 되려고 공부했던 이력이 있는 만큼 글 솜씨가 뛰어나다. 그는 기고를 통해 항상 후배 사원들에게 "기본에 충실하라."고 강조한다. 장 상무가 말하는 기본은 자신의 위치에서 최선을 다하는 '성실'의 다른 말이다. 회사생활의 기본, 가정생활의 기본, 사회생활의 기본을 다했을 때 비로소 주변 사람들에게 '괜찮은 사람'이라는 인상을 심어줄 수 있다는 얘기다.

예를 들어 장 상무는 기안서 한 장, 사업계획서 하나를 만들더라도 자신의 '작품'이라고 생각하고 최선을 다하라고 강조한다. 작가가 작품을 만들어내듯 자신의 모든 열과 성을 다했을 때에만 진짜 '작품'이 나오고 회사와 조직원들에게 도움이 될 수 있는 결과가 만들어진다는 것이 장 상무의 생각이다.

장 상무는 후배 사원들에게 기안서 한 장,
사업계획서 하나를 만들더라도
'작품'이라고 생각하고 최선을 다하라고 강조한다.
그랬을 때 회사와 조직원들에게 도움이 될 수 있는
결과가 만들어진다는 것이다.

"단기간의 결과에 대해서는 너무 연연하지 마라."는 말도 덧붙인다. 기업이 자신의 진가를 인정해주지 않는다고 불만을 가질 수도 있지만, 조직생활을 해본 결과 결국에는 모든 일들이 '순리'를 찾아간다는 설명이다. 그 자신도 비슷한 경험을 했기 때문에, 더욱 자신 있게 '조직생활에서 인내심을 가져라.' 라고 충고할 수 있다.

한진은 롯데그룹과 함께 재계에서도 손꼽히는 '보수 기업'이다. 항공, 운송업에 있어 최고의 가치는 '안전'과 '신뢰'에 있는 만큼, 대한항공, 한진해운 등을 주력사업으로 성장해왔던 한진그룹의 문화 역시 안전과 신뢰를 중시하는 보수적인 문화다. 장 상무도 이런 보수적인 문화 속에서 매번 승진 만기를 채우며 승진해왔다. 매번 평균을 따라왔던 셈. 그러나 2000년 초 부장 승진에서 '물'을 먹었다. 지점 근무를 마치고 EC사업팀장을 새로 맡은 지 얼마 안 돼 위치가 '붕 떠 있는' 시기에 인사가 이뤄졌기 때문이다.

"처음 인사가 났을 때는 결과를 쉽게 받아들이기 어려웠죠. '회사가 어떻게 나한테 이럴 수 있나.' 하는 생각에 원망도 많이 했습니다. 그래도 결론은 더 열심히 해서 회사에 더 많은 공헌을 하면 된다는 생각이었죠."

실제로 장 상무는 보란 듯이 '성과'를 내보였다. EC사업부를 맡아 물류업계 최고의 웹사이트를 구축했다. 인터넷에 관한 한

문외한이었지만, 프로젝트가 진행되는 동안 1,000페이지가 넘는 웹페이지를 취합하고 비교 분석한 후 역작을 만들어냈다. 당시 장 상무가 팀을 이끌고 구축한 한진 홈페이지는 각 언론사에서 시상하는 우수 홈페이지상을 독점하다시피 했을 정도다.

> "누구나 최고의 능력을 가진 천재가 될 수는 없어요.
> 그렇지만 최선을 다하는 사람은 누구나 될 수 있죠."

기업은 '성실한 인재'를 원한다

장 상무는 '성실'을 '인생의 기본'이라고 정의한다. 특히 기업은 인생의 기본에 대한 인식이 확실한, 성실한 인재를 원하게 마련이다. 성실성이야말로 개인과 기업의 발전을 이끌어낼 수 있는 원동력이다.

"누구나 최고의 능력을 가진 천재가 될 수는 없어요. 그렇지만 최선을 다하는 사람은 누구나 될 수 있죠. 임원을 꿈꾸는 후배들에게 이 한마디는 꼭 해주고 싶어요. 천재가 아니라면 인생의 기본에 충실해야 합니다. 그게 바로 회사에서 인정받는 길입니다. 성실이라는 말이 진부하게 들릴지 모르지만, 그것만큼 기업에서 간절히 원하는 인재상도 없습니다."

장지호 (주)한진 상무의 성공 비결

1. 노력은 결국 천재를 이긴다.

기업은 인생의 기본에 대한 인식이 확실한, 성실한 인재를 원하게 마련이다. 성실성이야말로 개인과 기업의 발전을 이끌어낼 수 있는 원동력이기 때문이다. 천재는 타고나야겠지만, 성실한 사람은 마음먹기에 따라 누구나 될 수 있다는 점에서 시사하는 바가 크다. 노력과 성실은 결국 천재를 능가할 수 있는 성과를 만들어낸다. (주)한진의 장지호 상무는 "성실의 정도를 점수로 매겨 계량화할 수는 없지만, 성실의 가치는 재능보다도 훨씬 값지다."고 강조한다.

2. 기본에 충실하라.

장지호 상무는 기안서 한 장, 사업계획서 하나를 만들더라도 '작품'이라 생각하고 최선을 다했다. 작가가 작품을 만들어내듯 자신의 모든 열과 성을 다했을 때만 진짜 '작품'이 나오고 회사와 조직원들에게 도움이될 수 있는 결과가 만들어진다고 믿었기 때문이다. 장 상무가 특히 후배 직원들에게 '기본에 충실하라.'고 강조하는 이유도, 기본에 충실하려고 노력할 때만 좋은 성과를 낼 수 있다는 믿음에서다.

장 상무가 말하는 '기본'은 자신의 위치에서 최선을 다하는 '성실'의 다른 말로도 해석된다. 회사생활의 기본, 가정생활의 기본, 사회생활의 기본을 다했을 때 비로소 주변 사람들에게 '괜찮은 사람'이라는 인상을 심어줄 수 있다는 것이 그의 지론이다.

이강행 한국투자증권 경영지원본부장 (전무)

1959년생
광주 숭일고, 서강대 경제학과 졸업
1986년 현대종합상사
1989년 동원증권(현 한국투자증권)
2000년 동원증권 자산운용본부장 (이사)
2002년 동원증권 경영지원본부장
2005년~현 한국투자증권 경영지원본부장
(전무)

　이강행 전무는 첫인상부터 다르다. 얼굴만 봐도, 얘기를 10분
만 나눠보아도, '이 사람은 정말 성실한 사람이겠구나.' 하는 확
신을 갖기에 충분하다. 전체적으로 후덕해 보이는 인상에 선한
눈매, 조용조용한 말소리는 그의 트레이드마크다. 이강행 한국투
자증권 경영지원본부장은 한마디로 주변의 모든 사람들이 인정
하는 '성실맨'이다. 또한 이 전무는 자신의 원칙은 꼭 지켜나가
는 '원칙론자'로도 유명하다.

　이 전무를 가장 잘 표현하는 말 역시 학창시절 생활기록부에
적혀 있던 것처럼 '있는 듯 없는 듯 자기 일을 잘하는 사람'이다.

학창시절, 학업에서 아주 뛰어난 우등생은 아니었지만 생활기록부에는 항상 '성실하다, 모범적이다'라는 평가가 달렸다. 이런 그의 성격 형성에는 교직에 오래 몸담고 계셨던 부친의 영향이 컸다.

"칭찬인지 아닌지는 모르겠지만, 어딜 가든 성실하다는 평가를 받은 것 같아요. 괜히 능력 없는 사람한테 듣기 좋으라고 하는 말인 것 같기도 하지만, 그래도 불성실하다는 평가를 받는 것보다는 좋은 것 아닙니까."

'신뢰'를 이끌어낸 성실성과 충성심

이 전무가 맡고 있는 경영지원본부는 증권사의 업무를 지원하는 스탭부서다. 인사, 재무, 교육 등을 담당한다. 스탭부서가 무엇인가. 업무영역 자체가 한 회사 내에서도 최고의 성실성을 요구하는 자리다. 성실하지 못한 인물은 절대 이런 자리에 오를 수 없다.

더 나아가 회사의 인사와 재무를 맡고 있는 만큼 회사에 대한 높은 충성심이 필요한 위치다. 임원의 경우 1년 단위로 보직이 바뀔 수 있다는 점을 감안하면, 회사의 안살림을 5년째 맡고 있다는 사실은 이 전무에 대한 회사 측의 절대적인 신뢰에 대한 방증이다. 옛 동원증권과 한국투자증권이 합병할 당시에는 2005년 3월부터 5월 말까지 통합발전위원회 실무단장을 맡아 두 회사의 합병을 실질적으로 추진하는 역할을 했다. 회사 측에서 이 전무를 신뢰하지 않는다면 그런 보직을 맡겼을 리 없다. 충성심이란 무엇인가. 내게 이롭건 불리하건 끝까지 성실을 다하고 신의를 지켜야 완성되는 게 충성심이다. 충성심의 기반은 곧 성실성이라 할 수 있다는 얘기다.

"제가 조금 고집이 센 데가 있습니다. 그래서 한번 옳다고 생각하는 일은 우직하게 밀고 나가는 편인데, 그건, 우선 제가 몸담고 있는 회사가 잘돼야 저도 그 안에서 잘될 수 있다는 생각 때문입니다. 생각을 그렇게 하다 보니, 행동 하나 하나에 그런 생각이 조금은 묻어난 것 같아요. 그래서 저 친구는 신뢰할 수 있는 친구다, 로열티가 있는 사람이다, 하는 평가를 받은 것 같아요."

> "몸담고 있는 회사가 잘돼야
> 나도 잘된다는 생각으로 일하다 보니,
> 결국 신뢰할 수 있는 사람이다, 로열티가 있는 사람이다,
> 하는 평가를 받은 것 같습니다."

서강대 경제학과를 졸업한 이 전무가 처음 사회에 발을 들인 곳은 현대종합상사 재정부. 1985년 12월, 현대종합상사에 그룹 공채로 입사한 그는 1989년 동원증권(현 한국투자증권)으로 자리를 옮겼다. 당시 종합주가지수가 사상 처음 1,000을 기록하는 등

증권시장이 폭발적으로 성장하고 있었기 때문에, 혈기 왕성한 젊은이로서 한번 도전해볼 만한 곳이라고 판단했다.

경력직으로 입사해 다른 동료들보다 조금 늦게 시작한 만큼 더 특별한 각오로 회사생활에 임했다. 그러나 좀처럼 기회가 오지 않았다. 2000년에 임원으로 승진하기까지는 과장, 차장 승진에서 항상 동료들보다 뒤졌다.

"서운한 마음이 없었다면 거짓말이겠지만, 그래도 기회는 많이 남아 있다고 생각했어요. 언젠가는 회사가 알아줄 거라는 믿음이 있었죠. 가끔 후배들에게도 이런 이야기를 합니다. 알아주지 않는다고 불평할 게 아니라, 그 시간에 한 번 더 회사를 위해 고민하라고요."

그런 이 전무에게 IMF는 도약의 기회가 됐다. IMF 외환위기 직전인 1997년 4월, 회사 내에서 채권 운용을 맡게 된 이 전무는 외환위기를 거치는 동안 탁월한 채권 운용 수익률을 기록했다. 당시 대우채 편입 문제로 모든 투신사, 증권사들이 고전하고 있었지만, 이 전무는 대우채를 최소한으로 편입한 상태였던 관계로 위기를 모면할 수 있었다.

"자금을 운용할 때 가장 큰 원칙은 과연 어떤 결정이 회사에 도움이 되는가 하는 점이었습니다. 당시 시장이 상당히 혼탁했는데, 맹세컨대 한 번도 개인적인 이유가 운용에 개입된 적은 없습니다. 그런 원칙을 지키다 보니 저절로 리스크 관리가 되더군요."

1999년부터는 주식 운용까지 맡게 됐다. 당시에도 변동성이 큰 장세에서 이 전무는 높은 성과를 냈고, 2000년 마침내 '별'을 달았다. 과장, 차장 승진은 늦었지만, 부장을 거치지 않고 바로 이사로 승진하는 '발탁인사'의 주인공이 된 것이다.

'인생을 보듯 회사생활도 길게 보라'

자산운용본부장으로 일하다 2002년에 경영지원본부장을 맡게 되면서 인사업무도 함께 맡게 됐다. 인사담당 임원이 됐으니 인사 청탁이 없었을 리 없다. 실제로 인사담당 임원이 되고 처음 명절을 맞았을 때, 몇 군데에서 선물이 왔다. 그때 이 전무는 받은 선물보다 훨씬 더 비싼 선물을 보낸 이에게 다시 보냈다. 그런 일이 몇 번 있은 후로는 인사철이 되어도 전화 한 통 오지 않는다.

"인사는 회사에서 가장 중요한 업무예요. 거기에 사적인 감정이 개입되면 결국 회사에 누가 되는 일이 생길 수도 있죠. 회사를 위해 일하는 사람에게 그렇게 큰 잘못이 또 있겠어요."

이 전무는 후배 직장인들에게 '회사생활은 마라톤'이라며 "인생을 보듯 회사생활도 길게 봐야 한다."고 조언한다. 자신 역시 스타트는 늦었지만 막판 스퍼트로 성공시대를 개막하고 있는 만큼, 조급해할수록 성공에서 멀어질 수밖에 없다는 충고다. 또한 성실이야말로 자신을 성공으로 이끄는 가장 중요한 가치라는 점을 강조한다.

"성실성을 영업실적처럼 수치화하기는 어렵겠지만, 결국은 평가하는 사람들 눈에는 다 보이게 마련입니다. 성실이야말로 기업에서 조직원들에게 요구하는 최고의 덕목입니다."

기업에서 인사를 관장하고 있는 담당 임원으로서 직장인들에게 값진 조언도 하나 남겼다. 대리, 과장 시절인 30대를 어떻게 보내느냐에 따라 차장, 부장, 그리고 그 후의 인생까지도 달라질 수 있다는 것이다.

"회사에서 일반 사원의 일은 잘 모른다고 생각할 수 있지만, 인사 담당자 눈으로 보면 다 보여요. 저 사람이 어떤 사람인지, 회사일은 어떻게 하고 있으며, 무슨 생각을 하고 있는지. 그래서 행동 하나 하나가 중요합니다. 임원이 되고 싶다면, 사원 시절부터 행동 하나 하나에 믿음과 신뢰를 줄 수 있는 성실성을 보여줘야 합니다."

"성실성을 영업실적처럼 수치화하기는 어렵겠지만,
평가하는 사람들 눈에는 다 보이게 마련입니다.
임원이 되고 싶다면, 사원 시절부터
믿음과 신뢰를 줄 수 있는 성실성을 보여줘야 합니다."

이강행 한국투자증권 전무의 성공 비결

1. 회사의 이익을 우선하라.

이강행 한국투자증권 전무는 조직생활을 하면서 어떤 결정을 내려야할 때면 항상 '과연 회사에 도움이 되는가?'를 첫 번째 기준으로 적용했다. 이 전무는 샐러리맨으로서 최고의 보람은 회사와 함께 자신도 성장하는 것이라고 말한다. 결국 회사의 이익이 자신의 이익으로 돌아올 수있다는 얘기다.

펀드매니저로 큰 액수의 자금을 운용할 때도 단 한 번도 개인적인 감정을 개입시킨 적이 없다. 회사의 이익을 우선했더니 저절로 위험 관리도 이뤄지고 수익률도 좋았다고 한다. 그 결과 많은 사람들이 명퇴를 할때 명퇴는커녕 임원으로 승진할 수 있었으니, 회사의 이익이 곧 이 전무의 이익이 된 셈이다.

2. 따라올 수 없는 '충성의 힘'

이강행 전무는 또한 자신이 임원으로 승진할 수 있던 배경으로 회사에 대한 '충성의 힘'을 꼽는다. 회사에 대해 충성심을 갖고 열심히 일했을 때 회사가 비로소 자신의 가치를 인정하게 된다고 믿는다. 설혹 회사가 자신의 충성의 가치를 인정해주지 않는다고 하더라도 마라톤을 하듯장기적인 안목으로 회사생활에 임하라고 충고한다. 인사 담당자의 눈에서 한두 번 벗어날 수는 있지만, 결국 회사는 조직의 발전을 위해 충성하는 사람들에게 보상을 하게 마련이다. 충성심이 있는 사람이라는 평가를 받기 시작하면, 이미 절반 이상 임원의 자리에 가 있는 것이라고 볼수 있다.

자질 7 – 폭넓은 네트워크

김종욱 우림건설 문화홍보실 상무

1961년생
단국대 산업미술학과 졸업
1988년 건영그룹 회장 비서실 홍보팀
1996년 동양그룹 동양메이저 건설부
문 홍보팀
2003년 우림건설 문화홍보실장
2005년 우림건설 이사
2006년 우림건설 문화홍보실 상무

"상무님, 혹시 국회의원 선거 나가시려고 하는 거 아니에요? 선거 나오시면, 상무님을 아는 사람들만 찍어줘도 당선은 문제없겠는데요?"

"김 상무, 김 상무는 국회의원이 아니더라도 시의원 정도는 할 수 있겠어. 노후 걱정 따로 안 해도 되겠는데? 그렇게 사람 관리를 잘하니 말이야."

김종욱 우림건설 상무가 주위 사람들로부터 가장 자주 듣는 말은 다름 아닌 "정치에 뜻이 있는 것 아니냐?"는 말이다. 한 번도 정치적인 발언을 하거나 현실정치에 발을 들여놓은 적이 없건만, 워낙 발이 넓고 인맥 관리를 잘하다 보니 듣게 되는 '칭찬 아닌 칭찬'이다.

"사람은 나의 힘"

매년 김 상무가 보내는 연하장에는 자신의 발자취가 엽서 한 면을 빼곡하게 채우고 있다. 자신의 학력사항을 비롯한 성장과정은 물론, 기업체 입사 후의 주요 경력과 현재 자신이 참여하고 있는 모임 등으로 카드 한 면이 모자랄 정도다. 실제로 현재 김 상무가 참여하고 있는 모임만 23개, 그중 10개 이상의 모임에서는 임원을 맡고 있다.

김 상무는 이것저것 둘러봐도 뭐 하나 특별히 내세울 것 없는 자신이 중견 건설사의 홍보실장, 이사를 거쳐 상무로 승진할 수 있던 원동력에 대해 "답은 바로 사람에 있었다."고 자신 있게 말한다. 그만큼 그 자신 스스로도 자신의 폭넓고 돈독한 인간관계를 최고의 장점으로 꼽고 있다.

"자랑같이 들릴 수도 있지만, 건설업계에서 '김종욱' 하면 모르는 사람이 거의 없을 겁니다. 아니, 김종욱이라는 이름은 잘 모를지라도 우림건설의 '털보', 하면 바로 반응이 올걸요."

실제 덥수룩하게 턱수염을 기른 김 상무는 건설업계 선배들 사이에서는 '털보'라는 별명으로 더 유명하다. 김 상무는 "많은 사람을 만나다 보면 자신만의 개성을 강하게 심어줘서 인상을 남기는 게 중요한데, 수염을 기르면 저절로 PR이 되더라."고 말한다. 수염을 기른 것도 나름대로 '전략적인' 관계 맺기의 한 방법인 셈이다.

> 김 상무는 건설업계 선배들 사이에서는
> '털보'라는 별명으로 더 유명하다.
> 수염을 기른 것도 나름대로
> '전략적인' 관계 맺기의 한 방법인 셈이다.

1961년, 충남 천안에서 태어난 김 상무의 학창시절은 그다지 특별할 게 없었다. 공부를 아주 잘하는 것도 아니었고, 남 앞에 나서는 걸 좋아하는 건 더더욱 아니었다.

그러나 대학을 거치면서 그의 인생에 큰 변화가 찾아오기 시작했다. 공부보다는 사람 사귀는 것을 좋아했던 그에게 '사람이 재산'이라는 지도교수의 말이 조금씩 와 닿기 시작한 것이다. 대부분의 호인(好人)들이 그렇듯, 김 상무 역시 타고난 술실력으로 학과 교수, 선후배, 친구들과의 교류의 폭을 넓혀갔다. 결국 대학을 졸업할 때는 학교 내에 한 다리 건너서라도 김 상무를 모르는 사람이 없을 정도였다.

　대학 졸업 후 첫 직장으로 건설회사 홍보팀에 취직하면서 김 상무의 이런 생각은 더욱 굳어졌다. 80년대 후반, 주택건설업체 들은 노태우 전 대통령이 선거공약으로 내세운 '주택 200만 호 건설'과 맞물려 사상 최대의 호황을 누렸다. 당시 건설사 홍보팀 은 끗발이 있는 직장이었고, 그는 이곳에서 건설업계 각 분야의 다양한 사람들을 만나 폭넓게 교류할 기회를 가질 수 있었다. 당 시에도 김 상무의 '탁월한 술실력'과 '붙임성'이 한몫 단단히 했 음은 물론이다.

　이후 김 상무는 비록 그가 몸담았던 회사가 어려워지는 일도 있었지만, 동양그룹, 우림건설로 자리를 옮기며 승승장구했다. 함께 일했던 직장 상사가 그의 인품과 능력을 높이 평가해서 스 카우트한 경우도 있었고, 건설업체 홍보맨들의 모임인 '건설홍 보동우회(건홍회)' 선배가 새로운 직장에 그를 추천하기도 했다. 결국 "인맥 관리를 제대로 해왔기 때문에 지금의 자리까지 왔다" 는 그의 말이 허튼 소리는 아닌 셈이다. 현재 그는 건홍회 회장직 을 맡고 있다.

　무조건 아는 사람이 많다고 좋은 건 아니다. 어떻게 보면 얼마 나 많은 사람을 아느냐보다 중요한 것이 얼마나 교류의 정도가 깊은가다. 김 상무도 "이 문제를 항상 고민한다."고 했다. 이런 고민에 대해 나름대로 내린 결론은 "자신의 진정성을 제대로 알리려는 노력밖에는 없다."는 것. 한 사람 한 사람 만날 때마다 진실한 태도로 대하면 관계가 지속되면서 절로 관계가 깊어질 수 있는 계기가 마련된다는 얘기다. 예를 들어 다른 사람들에게 애경사가 생기거나 도움이 필요한 일이 생겼을 때 적극적으로 자신의 존재를 부각시킬 수 있다.

인맥 관리의 기본은 '자기 관리'와 '시간 관리'

사람을 넓고 깊게 사귀기 위해서는 이만저만한 노력이 필요한 것이 아니다. 철저한 자기 관리와 시간 관리가 폭넓은 인간관계를 만들고 유지하는 데 있어 기본이다. 이와 관련한 그의 노하우 몇 가지를 소개한다.

우선 메모하는 습관이다. 김 상무는 소문난 메모광이다. 그의 탁상용 다이어리에는 깨알 같은 글씨가 빈자리를 찾아볼 수 없을 정도로 채워져 있다. 동료 직원의 결혼기념일까지도 적혀 있다. 대학시절부터 워낙 약속이 많아서, 메모를 해두지 않으면 까먹기 일쑤였기 때문에 생긴 습관이다. 회의노트에도 언제 어느 자리에서 어떤 말이 오고갔는지까지 모두 기록돼 있다.

해가 지나도 이렇게 사용한 다이어리와 회의노트를 최소 3년 이상 보유한다. 다른 사람과의 약속자리에 나가기 전에는, 그 사람과의 이전 모임에서 기록했던 내용을 먼저 확인해보고 간다. 상대방에게 그만큼 그 사람을 생각하고 있었다는 인상을 남기면,

저절로 관계가 가까워지게 마련이다.

전화기의 전화번호부 기능을 100% 활용하는 것도 나름의 방법. 지금 갖고 있는 전화기의 전화번호부가 999명까지밖에 저장을 못하기 때문에, 김 상무는 시간이 날 때마다 입력 리스트를 업데이트한다. 상대방이 알면 기분 나빠할 수도 있지만, 관계의 깊이를 특VIP, VIP, A, B, C 등 5단계로 구분해서 중요도를 매긴다. 마케팅에서 모든 고객이 똑같은 고객이 될 수 없는 것처럼, 인간관계에서도 한정된 노력과 시간으로 지인들 모두를 똑같이 응대할 수는 없다. 그는 이렇게 관계를 세분화시켜 주위 사람들을 '효율적으로' 관리할 수 있다고 했다.

자신이 속한 모임의 회원 리스트를 가방에 넣고 다니는 것도 김 상무가 사람을 잘 관리할 수 있는 습관 가운데 하나다. 혹시 무슨 일이 생길지 몰라서 회원 리스트를 갖고 다니다, 어떻게든 계기를 만들어 친해질 수 있는 기회를 만든다.

지난 20여 년 동안 낮잠을 한 번도 자본 적이 없다는 사실은, 그 자신으로서는 대단한 자랑거리다. 주말이나 연휴에도 김 상무는 제대로 된 낮잠 한 번 잔 적이 없다. 한가로이 낮잠 잘 시간에 한 명이라도 더, 한 번이라도 더 주위 사람을 만나는 게 좋다는 것이 그의 원칙이다.

사람이 곧 '정보'

김 상무는 '사람은 곧 정보'라고 정의한다. 여기저기서 많은 사람들과 만나고 교류하다 보면, 가만히 앉아서도 세상 돌아가는 소식을 알 수 있다. 정보력은 곧 그 사람의 능력이며, 능력을 인정받게 되면 회사에서 승승장구하는 건 당연한 일이다.

김 상무의 인맥 관리 능력이 빛을 발한 대표적인 사례 하나. 김 상무는 관계가 소원할 수도 있는 지방신문 기자인 A기자와도 평소 남다른 관계를 유지해왔다. 그러던 어느 날, A기자가 김 상무에게 주택시행사업을 계획 중인 B회장을 소개해줬다. 당시 B회장은 타 건설사와 시공계약을 목전에 두고 있었지만, A기자의 소개로 만난 김 상무의 사람됨을 보고 시공사를 우림건설로 변경했다. B회장은 A기자를 신뢰했고, A기자는 김 상무를 신뢰했기 때문에 가능한 일이었다.

더 거슬러 올라가면, 이는 어느 위치에 있든 주위 사람들을 잘 챙겨온 김 상무의 공이었다. 그 사업은 바로 우림건설이 충북 오창지구에 1,602세대를 분양한 프로젝트였다. 이는 우림건설의 단일 아파트 분양사업 가운데 최대 규모다. 이런 대규모 프로젝트를 영업 전문가도 아닌 홍보팀 직원이 이뤄낸 것이다.

"모든 비즈니스는 파트너가 있어야 이뤄집니다. 고장난명(孤掌難鳴)이라고, 한 손으로는 절대 손뼉을 칠 수가 없어요. 사람을 많이 알고 관계가 깊다는 건 파트너를 만날 수 있는 기회가 많아진다는 거죠. 비즈니스를 하는 사람들에게 가장 중요한 건 이렇게 많은 파트너들을 만들어가는 겁니다."

"모든 비즈니스는 파트너가 있어야 이뤄집니다.
한 손으로는 절대 손뼉을 칠 수가 없어요.
사람을 많이 알고 관계가 깊다는 건
파트너를 만날 수 있는 기회가 많아진다는 거죠."

김종욱 우림건설 상무의 성공 비결

1. 사람은 정보의 원천, 사람이 힘이다.

우림건설의 김종욱 상무는 건설업계에서 둘째가라면 서러운 마당발이다. 그의 철저한 인맥 관리는 타의 추종을 불허할 정도다.

넓은 인맥은 정보의 원천이다. 그래서 넓은 인맥을 가진 사람은 다른 사람보다 훨씬 더 풍부한 정보를 갖고 모든 일을 처리할 수 있다.

얼마나 많은 사람을 아느냐 못지않게 중요한 것이 얼마나 깊은 관계를 유지하느냐다. 김 상무 역시 넓은 인맥을 형성하는 것 이상으로 돈독한 관계 형성을 강조한다. 이를 위해 그는 자신의 진정성을 상대방에게 제대로 알리기 위해 항상 고민해왔다. 돈독한 관계를 만드는 데는 왕도가 따로 없다. 오랜 기간 교류하면서 관계가 깊어질 수 있는 계기를 마련하도록 노력해야 한다.

2. 인맥 관리의 기본은 '자기 관리'와 '시간 관리'

김종욱 상무는 인맥 관리의 기본을 철저한 메모에서 찾았다. 메모를 통해 스케줄을 철저히 관리하고, 탁상용 다이어리를 인맥 관리에 120% 활용한다. 메모와 다이어리 쓰기를 생활화하는 덕에 효율적으로 시간 관리를 할 수 있고, 만나는 사람들의 특징까지 쉽게 기억할 수 있다. 이는 자연스레 자기 관리와 인맥 관리로 이어진다.

또한 '낮잠 잘 시간에 한 사람이라도 더 만나고, 한 번이라도 더 만난다.'는 김 상무의 원칙은 사회 초년병 시절부터 임원이 된 지금까지 한 번도 깨진 적이 없다. 그만큼 철저한 자기 관리만이 많은 사람들을 관리할 수 있는 기본이라는 얘기다.

자질 8 – 믿을 만한 사람이라는 평판

백상현 교보문고 오프라인사업본부장 (상무)

1956년생
대구 시민고등학교 졸업
1982년 교보문고 입사
1995년 교보문고 총무과장
2001년 교보문고 성남점장
2002년 교보문고 광화문점장
2005년~현 교보문고 오프라인사업
          본부장(상무)

교보문고는 국내 출판업계의 절대 강자다. 강북 광화문점, 강남 교보타워점을 비롯해 전국 대형 매장만 12곳. 연 매출 규모만 3,500억원에 달한다. 교보문고에서 잘 팔리지 않는 책은 베스트셀러가 될 수 없을 정도로 교보문고가 출판시장에서 가진 영향력은 절대적이다.

그만큼 백상현 교보문고 오프라인사업본부장이 출판계에서 차지하는 위상은 남다르다. 장르를 막론하고 국내에 유통되는 모든 책자의 최대 구매 고객이 바로 교보문고다. 실제로 교보문고의 오프라인 매출은 연간 2,200억원 수준이며, 오프라인사업본부 소속 직원만 630명이 넘는다. 자리가 자리인 만큼 어깨에 힘이 들어갈 만도 한 자리. 시쳇말로 하면 백 상무는 '출판업계의 최고 갑(甲) 자리'에 있는 셈이다.

"정직, 성실이 신뢰를 만들죠"

그러나 백 상무는 항상 겸손하다. 이런 겸손이 그를 출판업계에서 손꼽히는 '신사'로 만들었을 뿐 아니라, 그에게 믿을 수 있는 사람이라는 평판을 자연스레 안겨주었다.

실제로 출판업계에서 활약하는 사람들에게 백 상무의 사람됨을 물어보면 대답은 한결같이 "믿을 수 있는 사람이다.", "청렴한 사람이다."로 모아진다. 회사 내에서도 백 상무에 대한 평가는 다르지 않다. "무슨 일을 맡겨도 믿을 수 있다."는 반응이다. 그는 또한 함께 일하고 싶은 상사로도 꼽힌다.

백 상무 자신은 이런 주위의 평가에 대해 어떻게 생각하고 있을까. 백 상무는 이런 주위 사람들의 평가에 대해 무척이나 겸연쩍어한다.

"특별히 제가 어떤 일을 했기 때문에 사람들에게 믿음과 신뢰를 줬다고는 생각하지 않아요. 모든 일에 최선을 다하고, 저 자신보다는 제가 속한 팀, 우리 회사를 위해 일하다 보니 얻게 된 평가인 것 같습니다. 그런 평가를 받을 수 있다는 것만으로도 영광이죠."

백 상무의 말처럼, 그는 평소 생활 자체가 주위 사람들에게 신뢰를 주기에 충분하다. 술, 담배를 전혀 하지 않을 뿐 아니라 매주 일요일이면 교회에 나가 봉사활동을 하는 독실한 기독교 신자다. 백 상무는 특히 "신앙생활을 충실히 하면서, 항상 자신을 반성하고 올바른 삶을 살기 위해 노력해왔다."고 설명한다.

> 출판업계 사람들에게 백 상무의 사람됨을 물어보면
> 대답은 한결같이 "믿을 수 있는 사람이다.",
> "청렴한 사람이다."로 모아진다.

고졸 핸디캡, '성실'과 '성과'로 극복

백 상무는 1982년 교보문고 공채 2기로 입사하면서 교보문고와 인연을 맺었다. 같은 해에 입사한 입사 동기는 모두 30여 명. 그 가운데 아직까지 교보문고를 지키고 있는 사람은 백 상무가 유일하다.

백 상무는 "처음 입사가 결정됐을 때부터 천직이라고 생각했고, 누구보다 회사를 위해 열심히 일했다고 자신한다."고 말한다. 그는 또 "회사 내에서 나름의 성과를 내고 주위 사람들에게 신뢰를 심어줄 수 있었던 원동력은 열정을 갖고 누구보다 성실하게 회사생활을 했기 때문이다."라고 설명한다.

실제로 그는 특판영업, 본사 총무과, 광화문점장 등 주요 부서를 거치면서, 사내에서 자체적으로 평가하는 우수 직원 및 우수 팀 표창에서 매년 이름을 빠뜨리지 않을 정도로 좋은 성과를 내왔다. '고졸 출신'이라는 핸디캡을 안고 있음에도 불구하고 백 상무가 회사에서 승승장구하며 임원으로 승진할 수 있었던 것도 이런 실적이 바탕이 됐기 때문이다. 특히 성남점장 시절에는 개점 이후 줄곧 적자를 면치 못했던 지점을 맡아 1년 만에 흑자로 돌려놓기도 했다.

"교보문고의 사훈이 '성실하고 의롭게'입니다. 처음 회사에 들어와서 사훈을 봤는데, 저의 인생관과 꼭 맞아떨어지더군요. 그래서 회사와 운명을 같이하겠다고 다짐했죠. 성실하고 의롭게 일하다 보면 저절로 성과는 나오는 겁니다. 임원도 성실하고 의로운 사람을 뽑더군요. 그러니까 제가 임원이 될 수 있었죠.(웃음)"

독실한 신앙생활이 원동력

출판시장은 워낙 좁기 때문에 업계 내 '평판'이 중요하다. 국내 출판사는 모두 7,000여 곳. 이 가운데 적극적으로 책을 출판하는 곳은 채 1,000여 곳이 되지 않는다. 한 다리만 건너면 모두 어떤 식으로든 알고 지내는 사이다. 무슨 일이 생기기만 하면 다음 날 출판계에 소문이 파다하게 나 있을 정도다.

이런 출판업계에서 주위 사람들에게 신뢰와 믿음을 심어줄 수 있는 기본을 백 상무는 '정직'과 '성실'에서 찾는다. 철저한 자기 관리 역시 빼놓을 수 없다.

정직과 성실의 바탕에는 백 상무의 독실한 믿음이 놓여 있다. 그는 모태신앙을 지닌 독실한 기독교 신자다. 소망교회 집사를 맡고 있을 뿐 아니라 사회봉사활동도 열심이다. 1997년, 회사 내 조직 단위 평가에서 최우수팀으로 꼽혀 받은 상금을 불우청소년 돕기에 기부하면서 시작된 봉사활동은 이후 소년소녀 가장 돕기, 결식노인 무료식사 제공, 장애인 지원활동으로 이어지고 있다.

"신앙생활을 통해 인생의 기본 철학을 모두 다진 셈이죠. 다른 사람들에게 신뢰를 준다는 건 오랫동안 그 사람의 생활을 지켜본 사람들이 내리는 판단 아니겠어요. 신앙생활을 통해 배우는 정직과 신뢰의 가치가 생활에 묻어난다고 생각해요."

3남 3녀의 장남이라는 점도 백 상무의 인성을 만드는 데 많은 영향을 끼쳤다. 장남인 만큼 어려서부터 의젓하게 행동해야 했고, 책임감도 남달라야 했다. 이런 성격은 스스로 노력한 측면이 강하다.

또 한 가지 백 상무가 강조하는 것이 약속 지키기다. 백 상무는 가끔 '자기 자신을 너무 옭아매고 있는 건 아닐까?' 하는 생각이 들 정도로 사람들과의 약속을 지키기 위해 철저히 노력한다. 예를 들어, 영업실적 목표치도 일종의 약속으로 생각하고, 이를 지키기 위해 자신을 다그치곤 한다.

사소해 보일 수도 있지만 시간약속도 반드시 지킨다. 지금까지 백 상무가 약속시간을 지키지 못한 적은 한 손으로 꼽을 정도다.

"결국 신뢰는 사람들과의 약속을 얼마나 잘 지켰느냐에 달려 있는 것 같아요. 인생이나 회사생활이나 약속의 연속인데, 이런 약속을 지켜가는 과정에서 신뢰와 믿음이 생기는 거죠."

> "결국 신뢰는 사람들과의 약속을 얼마나
> 잘 지켰느냐에 달려 있는 것 같아요.
> 인생이나 회사생활이나 약속의 연속인데,
> 약속을 지켜가는 과정에서 신뢰와 믿음이 생기는 거죠."

"목표를 분명히 하라"

교보문고 오프라인본부장이 출판업계에서 미치는 영향력은 막강하지만, 백 사장은 오히려 다른 고객들을 접대하고 다닌다. 누가 보더라도 '갑(甲)'의 위치에 있지만, 그는 오히려 '을(乙)'처럼 행동한다. 술, 담배를 하지 않기 때문에 저녁접대도 없고, 골프를 치지 않기 때문에 골프접대도 없다. 이해관계가 얽혀 있는 사람들과는 그 흔한 룸살롱 한 번 가본 적이 없다. 2001년, 친구들의 권유로 골프를 배우기 시작했다가 자칫 접대골프가 될 수 있을 것 같아 그만두었다.

"술은 원래 마시지 않으니까 술자리를 갖는 경우는 거의 없어요. 골프는 재미도 있고 건강에도 좋은 것 같았지만, 비용이 생각보다 많이 들더군요. 아직까지 제 돈 내고 칠 정도는 안 되는 것 같아 재미가 많이 들기 전에 그만뒀죠."

대신 백 상무는 회사업무를 위해 만나는 사람들과는 점심약속을 적극 활용한다. 점심약속을 통해 업계 돌아가는 얘기도 듣고, 회사 영업과 관련하여 출판사들의 목소리도 듣는다. 또한 자신의 사무실 문턱을 낮춰 누구나 편하게 사무실을 찾아올 수 있는 분위기를 조성했다.

백 상무가 후배 직장인들에게 마지막으로 전하는 조언 한마디. 역시 그는 '정직'과 '성실'을 강조한다. 정직과 성실이 바탕이 된 삶을 살 때 회사 내에서 성과도 거둘 수 있고, 주위 사람들로부터 믿을 수 있는 사람이라는 신뢰도 얻을 수 있기 때문이다. 또 다른 한 가지는 '목표'를 분명히 하라는 충고다.

"정직과 성실은 너무 당연한 말 같아 따로 언급할 필요도 없을 것 같아요. 목표를 분명히 하라는 건, 목표가 명확할 때 그 목표로 가는 길들이 보이기 때문이죠. 목표가 분명해야 자기 계발에 대한 동기 부여도 더 확실해지죠."

백상현 교보문고 상무의 성공 비결

1. 정직과 성실이 신뢰를 낳는다.

고졸 출신의 핸디캡을 딛고 교보문고 오프라인사업본부장에 오른 백상현 상무에 대한 주위 사람들의 평가는 한 목소리로 통한다. 바로 '법 없이도 살 사람'이다. 출판업계에서 그가 쌓아온 신뢰와 믿음은 그의 정직하고 성실한 생활태도에서 비롯되었다. 특히 독실한 신앙생활이 정직하고 성실한 인격을 만드는 데 가장 큰 영향을 끼쳤다고 설명한다.

그는 정직과 성실은 주위 사람들로부터 높은 신망을 얻을 수 있는 기본이기도 하지만, 좋은 성과를 낼 수 있는 원동력이라고 강조한다. 또 사소해 보이는 일상의 약속을 지키는 노력이 쌓였을 때 성과와 주위의 신뢰를 동시에 얻을 수 있다고 말한다.

2. '갑'일 때 '을'처럼 행동하라.

백상현 상무가 맡고 있는 교보문고 오프라인사업본부는 국내 출판업계의 최대 큰손이다. 백 상무의 결정 하나에 베스트셀러 자리가 왔다 갔다 할 수도 있다. 당연히 접대 받을 자리, 어깨에 힘이 들어갈 자리라고 생각할지 모르지만, 그는 오히려 접대를 하고 다닌다.

자신이 높은 자리에 있을 때, 힘 있는 자리에 있을 때 더욱 처신에 조심해야 신뢰를 쌓을 수 있을 뿐 아니라 '훌륭한 사람'이라는 평가를 받을 수 있다. 백 상무는 자신이 갑의 자리에 있을 때 오히려 을처럼 상대방을 높이는 마음가짐으로 회사생활을 해오고 있다.

자질 9 – 논리적이고 설득력 있는 언변

전병서 대우증권 IB영업본부장 (상무)

1961년생
경북대 경제학과 졸업
1984년 외환은행
1986년 대우경제연구소 기업분석부
　　　전기전자 담당 애널리스트
1987년 서울대 경영대학원 졸업
2001년 대우증권 리서치센터 조사부장
2002년 대우증권 리서치센터장 (상무)
2006년 대우증권 IB영업본부장 (상무)

'세계 최고의 반도체 애널리스트.'

전병서 대우증권 IB영업본부장은 국내는 물론 전 세계 펀드매니저들로부터도 '베스트' 소리를 들었던 애널리스트업계의 전설이다. 1986년에 대우경제연구소(대우증권 조사부의 전신)에 입사한 이후, 조사부장으로 일선기업 분석에서 발을 떼기 전까지 18년여 동안 IT 기업만을 분석했다. 반도체, 통신, 가전, 전기부품, 인터넷 등 IT라는 이름이 어울릴 만한 업종은 모두 분석했고, 한때 그가 분석하는 기업의 시가 총액이 전체 코스피 시가 총액의 40%에 육박했던 때도 있었다.

그뿐인가. 반도체 담당 애널리스트로 전성기를 구가하던 시절에는 전병서 상무의 말 한마디에 전 세계 반도체기업들의 주가가 오르내리기도 했을 만큼 영향력이 대단했다. 〈매경이코노미〉를 비롯한 국내 주요 언론에서 평가한 베스트 애널리스트 순위에서 전 상무는 기업 분석 업무를 떠날 때까지 베스트 자리를 단 한 번도 내놓은 적이 없다. 게다가 이미 기업 분석에서 손을 뗀 지 3년여가 지났지만 그는 여전히 최고의 애널리스트로 기억되고 있다.

전 세계적으로 인정받은 애널리스트업계의 전설

전 상무는 자신이 그렇게 오랫동안 정상급 애널리스트 자리를 유지하고 샐러리맨으로 성공해 임원으로 승진할 수 있던 원동력으로 '논리적인 사고와 언변'을 꼽는다. 실제로 전 상무는 업계에서 논리 개발에 있어서 최고의 능력을 가진 애널리스트로 평가받았다. 여기에 쉬운 말을 써가며 상대방을 설득하는 언변은 전 상무의 트레이드마크였다.

사실, 세계 최정상급 인재집단인 펀드매니저들을 만나 그들을 설득하는 것이 직업인 애널리스트에게 있어서 논리는 최고의 무기다. 말 한마디에 수백 억원의 돈이 왔다 갔다 하는 증권업계에서 매니저들이 납득할 만한 논리를 제공하지 못하면 애널리스트의 존재 가치는 없어진다고 봐도 무방하다.

"상대방을 자신의 논리로 설득할 수 없다면 그 사람은 분명 실패한 애널리스트입니다. 주식은 사느냐, 파느냐의 문제로 귀착되는데, 가장 가능성 있는 시나리오를 어떤 논리로 예측해내는가 하는 것이 결국 애널리스트의 생명이라 할 수 있죠. 실제로 주가가 올랐느냐 내렸느냐는 별개의 문제입니다. 그 결론을 이끌어낸 논리가 중요하죠. 그래야 주가를 단 한 번이 아니라 장기적으로 적중시킬 수 있는 확률이 높아지니까요."

> "상대방을 자신의 논리로 설득할 수 없다면
> 그 사람은 실패한 애널리스트입니다."

1987년에 대우경제연구소 기업분석부에 입사한 전 상무는 "가르침을 줬던 직장 선배들의 스파르타식 훈련이 기업 분석의 깊이와 논리를 개발하는 데 가장 큰 도움이 됐다."고 설명한다.

전 상무가 기업 분석을 시작한 대우경제연구소는 당시 국내 정상급의 엘리트들만 모여 있던 대표적인 씽크탱크로 통했다. 또한 스파르타식 신입사원 교육으로도 유명했다. 그는 입사 초기 3년 동안은 선임자의 담당 종목까지 모두 40여 개 주가 그래프를 모눈종이에 손으로 그려야 했고, 자신이 작성한 보고서를 앞에 놓고 볼펜으로 얻어맞는 등 강한 훈련을 받았다. 혹독한 도제시스템 안에서 훈련을 받은 것이다. 선임자를 설득할 수 있을 만큼 합리적인 결론을 도출해내지 않으면 안 되는 구조였다. 전 상무는 그래서 지금도 당시 자신을 훈련시켰던 선임자들의 고마움을 잊지 않고 있다.

상대방의 마음을 살 수 있는 논리를 개발하라

"선배들이 항상 강조하는 게 상대방의 마음을 살 수 있는 논리를 개발하라는 것이었어요. 상대방의 마음을 사려면 새로운 정보를 제공해야 하는데, 새로운 정보는 데이터를 분석하는 과정에서 자신의 논리를 가미해야만 완성됩니다. 삼성전자를 분석하는 애널리스트가 좀 많겠어요? 그 많은 애널리스트들을 물리치고 펀드매니저의 선택을 받으려면 가장 논리적인 방법으로 접근하는 것 외엔 방법이 없기 때문입니다."

스파르타식 훈련으로 전문지식을 익힌 전 상무는 나름의 논리 개발 노하우도 개발했다. 기업을 설명하는 데 있어서 해당 종목을 사야 하는 이유 3개와 팔아야 하는 이유 3개를 우선 적은 뒤, 다시 3개씩 부수적인 근거들을 확장해내는 방식이다. 이렇게 3번만 하면 54개, 4번 하면 108개의 근거가 나온다. 이를 중요도 순으로 3개씩 정리하면 어떤 경우라도 상대방을 설득할 수 있는 근거를 마련할 수 있다고 귀띔했다. 물론 이런 사고가 가능하기 위해서는 해당 기업에 대한 정확한 이해가 기본이 돼야 한다.

또 다른 힘은 끊임없는 독서에서 나왔다. 그는 "애널리스트들은 적어도 1주일에 한 권, 1년이면 최소 50권 이상의 책은 읽어야 한다."고 강조한다. 자신이 기업분석부장으로 있을 때 후배 애널리스트들에게 가장 강조한 부분도 바로 독서다. 애널리스트들은 해당 업종과 경제 전반에 대한 통찰력과 미래를 예측하는 능력을 가져야 하는데, 이를 위해서는 관련 서적을 읽는 일이 가장 중요하다는 설명이다.

전 상무는 또 논리적인 글쓰기 능력을 무척이나 강조한다. 글을 쓰고, 이를 다른 사람들에게서 자세하게 검증받는 과정을 거치면서 그 사람의 논리적인 사고도 발전할 수 있다고 믿어서다. 또한 진정한 애널리스트는 '말'이 아닌 '글'로 고객을 설득할 수 있어야 한다고 믿는다. 말이 갖는 전파력보다 글이 갖는 전파력이 훨씬 넓고, 깊기 때문이란다. 글은 가능한 한 쉬워야 한다. 전 상무는 자료를 작성할 때마다 '중학교를 중퇴한 동네 아줌마라도 이해할 수 있는 글'인가 하는 점에 가장 신경을 썼다. 그러지 못하다면 절반은 실패한 글이라는 게 전 상무의 생각이다.

"짧은 시간 안에 고객의 마음을 움직여라"

프레젠테이션(PT)도 글쓰기 못지않게 중요하다. PT는 고객과의 최접점에서 공감대를 형성하면서 고객을 설득할 수 있는 가장 효과적인 방법이다. 실제로 그는 가장 논리적으로 자신의 생각을 정리하여 설명하는 인물로 정평이 나 있다. 전 상무가 하는 말을 그대로 옮겨 적어도 완벽한 결과물이 나올 정도로 기승전결을 잘 지키고, 대답에도 막힘이 없다. 요즘도 기업 공개를 준비 중인 고객사의 사장이나 CFO를 만나 PT를 할 기회가 많은데, 한결같이 돌아오는 반응이 "베스트 애널리스트라는 명성이 헛된 게 아니었다."는 말과 함께 "어떻게 그렇게 완벽하게 PT를 준비했느냐."다.

"처음부터 남 앞에 서서 얘기를 잘하는 사람이 어디 있겠어요. 그만큼 철저히 준비하고 노력해야 잘할 수 있는 거죠. 특히 PT를 여러 번 하면서 PT에 참석했던 사람들에게 많이 깨져봐야 한다고 생각해요. 그런 경험을 통해 어디서든 꿋꿋하게 내세울 수 있는 논리가 개발되는 거죠."

전 상무는 PT를 잘하는 비결에 대해 "짧은 시간 안에 고객의 마음을 움직여야 한다."고 했다. 그래서 그의 PT는 최대 15분을 넘기지 않는다. 사람의 집중력에는 한계가 있게 마련. 전 상무는 그 한계를 15분으로 정하고, 15분 안에 결론을 도출해준다. 나머지 궁금증은 고객들과의 Q&A를 통해 설명한다. 그러려면 무엇보다 결론을 깔끔하게 정리할 수 있어야 한다.

독서와 자기 계발이 논리적 사고의 원동력

애널리스트 시절 쌓은 이런 논리적인 사고와 설득력은 업무를 다른 부문으로 옮겨서도 진가를 발휘하고 있다. 모든 비즈니스는 결국 파트너를 설득해서 자신과 같은 배를 타게 하는 데 목적이 있는 것처럼, 파트너의 생각을 자기 생각과 같게 만드는 것이 중요하다.

"기업의 CEO, CFO 등 최고 의사결정권자들을 설득하는 것은 펀드매니저들을 설득하는 것 못지않게 어렵습니다. 매니저들은 다른 기관의 매니저들도 많아서 대안이 많지만, 기업의 CEO나 CFO는 대안이 없는 파트너이기 때문에 더욱 어렵죠. 그래서 더욱 많은 공을 들이는데, 애널리스트 경험이 많은 도움이 됩니다."

전 상무는 마지막으로 논리적인 사고력을 키우기 위해서는 독서와 다양한 분야에 대한 '학습'이 가장 중요하다고 강조했다. 실제 그는 현재도 중국 칭화대 EMBA 과정에 재학 중이다. 회사 생활을 하면서도 연세대 국제대학원, 경희대 경영대학원, 고려대 정책대학원, 서울공대 AIP과정, 건국대 부동산대학원, 전경련 GBS 등 수많은 재교육 과정을 거쳤다. 매년 새로운 분야에 대한 학습에 도전장을 던지고 과정을 이수했던 셈. 논리적인 사고력은 타고나는 게 아니라 만들어진다는 사실을 단적으로 보여주는 대목이다.

전병서 대우증권 상무의 성공 비결

1. 논리적인 사고와 언변으로 사람의 마음을 움직여라.

애널리스트에서 시작해 IB영업본부 상무가 될 때까지 대우증권 전병서 상무가 상대한 사람들은 모두 당대 최고의 이론과 경험으로 무장한 전략가들이었다. 그들을 설득하기 위해서는 그들보다 훨씬 더 논리적인 근거를 가져야 했고, 그들의 마음을 살 수 있어야 했다.

전 상무는 말뿐 아니라 글을 통해 자신의 의견을 정확히 전달하는 능력을 키우는 것도 중요하다고 강조한다. 직장 동료·선후배들과 끊임없이 공부하고 토론하며 자신의 논리에 더욱 명확한 근거를 만들어내야 한다. 샐러리맨들이 자신의 능력을 가장 잘 드러낼 수 있는 부분도 바로 이런 논리적인 사고다.

2. 논리력을 키우려면 독서부터 시작하라.

전병서 상무는 후배 애널리스트들에게 "최소 1년에 50권 이상의 책은 읽어야 한다."고 강조한다. 애널리스트에게 있어서 가장 중요한 덕목은 다른 사람들에게 자신의 생각을 정확히 전달할 수 있는 능력이다. 그 능력을 키우는 데는 독서가 가장 큰 힘이 된다. 그는 자신의 충고를 몸소 실천해왔다.

전 상무는 또한 독서뿐 아니라 업무와 관련한 다양한 분야의 지식을 익히기 위해 '평생학습'의 중요성을 강조했다. 실제로 전 상무가 이미 마쳤거나 공부하고 있는 강좌 코스만 해도 10여 개에 달한다.

자질 10 - 뛰어난 외국어실력

이정렬 롯데호텔서울 총지배인

1956년생
충남산업대 호텔관광경영학과 졸업
1983년 서울힐튼호텔 입사
1995년 서울힐튼호텔 식음 총괄 차장
1999년 웨스틴조선호텔 식음 총괄 이사대우
2000년 웨스틴조선호텔 부총지배인
2001년 제주하얏트호텔 총지배인 (사장)
2003년 아라코 제주 국제컨벤션센터 본부장 (부사장)
2005년~현 롯데호텔서울 총지배인

호텔리어에게 언어는 특히 중요한 요소다. 호텔리어의 가장 중
요한 업무는 각국에서 온 고객들이 편하게 지내다 갈 수 있도록
해주는 것. 만나야 하는 고객들이 다양한 나라 사람들이기 때문

에 영어는 기본이고, 다양한 언어를 할 줄 알면 금상첨화다. 단, 여기서 언어를 안다는 것은 단순히 말을 하고 들을 줄 아는 차원을 얘기하는 것이 아니다. 그 사회의 문화까지 깊숙이 알고 있어야 비로소 제대로 된 맞춤서비스가 가능해지기 때문에, 언어를 기반으로 문화에 대한 이해가 추가되어야 한다. 예를 들면, 고객의 국적에 따라 의전방식과 환대하는 방법, 좌석배치 등이 모두 달라지는 식이다.

뛰어난 외국어실력을 바탕으로 한
한국인 최초 특급호텔 총지배인

이정렬 롯데호텔 총지배인도 '영어에서 둘째가라면 서러워할 정도'로 영어의 달인이다. 그뿐인가. 호텔리어의 모국어쯤으로 여겨지는 불어도 수준급이다(호텔의 많은 용어들, 특히 각종 와인과 식사 메뉴 등은 불어에서 비롯된 것이 많다). 유독 일본인 고객이 많은 국내 호텔업계의 성격상 일본어도 빠질 수 없다. 일본어로 의사소통은 물론 회의까지 진행할 수 있을 정도다. "유창한 외국어실력은 호텔리어의 기본이지만, 이 같은 기본을 제대로 갖춘 한국인 호텔리어가 많지 않았기에 그동안 한국인 총지배인이 없었던 것"이라 얘기하는 이 총지배인은 뛰어난 외국어실력을 바탕으로 한국인으로서는 최초로 무궁화 다섯 개짜리 특급호텔의 총지배인 자리에 오를 수 있었다.

특히 이 총지배인의 사례가 시사하는 바가 많은 것은, 이 총지배인은 외국어 공부를 위해 외국에 나가본 적이 없는 순수 국내파라는 사실이다. 외국어실력을 향상시키기 위해 끊임없이 공부하고 또 공부한 게 전부다. "사전을 삶아 먹으면 단어가 잘 외워진다고 해서 사전을 통째로 삶아 그 물을 마신 적도 있다."고 토로할 정도로 지독하게 언어와의 싸움을 계속해온 것이 유일한 비결이다. 외국어, 특히 영어 때문에 고민하는 수많은 샐러리맨들에게 희망을 줄 수 있는 좋은 본보기가 될 수 있을 것이다.

이와 관련하여 이 총지배인은 "외국어실력은 노력하는 만큼 꾸준히 향상되는 것이 아니다. 오랫동안 공부해오며 느낀 것은, 외국어를 잘하기 위해서는 10계단 정도를 뛰어넘어야 한다는 것이다. 별 진전이 없는 듯하다가 한 계단을 넘으면 실력이 팍 뛰고, 또 팍 뛰고를 열 번쯤 반복한 것 같다. 그 한 계단 한 계단을 뛰어넘지 못하고 포기하기 때문에 외국어를 잘하지 못하는 것이다. 포기하지 않고 계속해서 그 계단을 모두 뛰어넘을 수만 있다면 누구든 외국어를 능숙하게 잘할 수 있다."는 경험담을 풀어놓았다.

"외국어실력은 노력하는 만큼 꾸준히 향상되는 것이 아니다.
외국어를 잘하기 위해서는 10계단 정도를 뛰어넘어야 한다."

호텔관광경영학과를 졸업한 이 총지배인은 1982년, 대학을 졸업한 후 웨스틴조선호텔에서 설거지와 식당 청소를 하는 직원으로 호텔계에 첫발을 디뎠다. 6개월 뒤에는 주방에서 음식을 날라 손님들에게 서빙하는 웨이터가 됐다. 이런 이 총지배인이 '나중에 꼭 총지배인이 되겠다.'는 꿈을 얘기했을 때, 아무도 귀담아듣지 않았다. 게다가 당시만 해도 국내 특급호텔의 매니지먼트급은 모두 외국인이었다. 한국인은 잘해야 레스토랑 매니저 등 실무를 맡아 몸으로 뛰는 게 고작이었다. 총지배인의 꿈을 풀어놓은 후 면전에서 비웃음을 사지 않는 게 다행일 정도였던 셈이다.

사실 '총지배인이 되겠다.'는 청운의 꿈을 안고 호텔업계에 들어온 이 총지배인에게도 처음에 외국인은 넘지 못할 산처럼 느껴졌다. '뭐가 문제일까?'를 고민하던 이 총지배인이 내린 결론은 언어. 영어를 유창하게 하지 못하고는 절대 외국인을 이기고 호텔 경영 일선에 나설 수 없겠다고 판단했다. 물론 영어를 꽤 잘하는 한국인이 아주 없는 건 아니었다. 그러나 그들이 구사하는 영어는 고급영어, 정통영어가 아니었다. 고급영어와 정통영어에 능하지 않은 한 기본적인 경쟁이 불가능하겠다고 생각한 이후, 말 그대로 사투를 건 영어와의 전쟁이 시작됐다.

"늘 수첩을 갖고 다니면서 단어를 외우고 또 외웠습니다. 심지어 화장실에 갈 때마저도 수첩을 손에서 놓지 않았지요. 각종 영어잡지를 구독해 읽는가 하면, 문고판 영어원서가 가방 한쪽을 차지하지 않는 날이 없도록 했습니다. 문학작품에서 찾아낸 좋은 문장, 네이티브 스피커와 대화하다 발견한 근사한 표현 등은 따로 적어놓고 암기했구요. 고급영어를 구사하기 위해서는 영어권 문화에 정통해야겠다는 생각 하에, 틈만 나면 미국·영국 대사관을 들락거리며 자료를 모으고 또 모으기도 했지요."

이 같은 피나는 노력의 결과로 영어를 할 줄 아는 어느 나라 고객과도 자유로운 의사소통이 가능할 정도의 실력을 쌓을 수 있었다. 이런 노력은 20년이 훨씬 지난 지금까지도 이어져오고 있다. '조금만 게을리 해도 감을 잃을 수 있다.' 는 우려에서다.

'내가 총지배인이라면 어떻게 했을까?'

낭중지추라 했던가. 뛰어난 능력을 가진 이는 어떻게든 드러나지 않을 수 없다. 이 총지배인 역시 그랬다. 이 총지배인이 본격적으로 두각을 나타낸 것은 1983년에 문을 연 힐튼호텔로 옮기고 난 후부터다.

그렇다고 이 총지배인이 경영진 눈에 띈 이유가 오로지 뛰어난 외국어실력 때문만은 아니었다. 지난해 4월 이 총지배인이 롯데호텔에 오자마자 총지배인 업무실에 걸어놓은 캐치프레이즈는 '사생결단으로 일하자.' 였다. 이 캐치프레이즈는 20년 넘게 이 총지배인이 금과옥조로 여기며 실천해온 말이다. 이 총지배인이 어떻게 일해왔는지를 한눈에 보여주는 단면이라 할 수 있다.

이 총지배인은 자신이 맡은 일만 하는 데 그치지 않았다. 큰 연회가 있거나 하면 호텔의 전 직원이 바빠진다. 일손이 모자라다 보니 연회업무를 맡은 직원이 아니라 할지라도 업무에 투입되는 경우가 허다하다. 퇴근길에 붙잡혀 연회 준비에 투입된 직원들은 불만을 토로하는 것이 보통이다. 그러나 이 총지배인은 그렇지 않았다. 불만은커녕 스스로 먼저 달려가 일했다. 숙박객이 몰려 안내데스크가 바빠지면 누가 시키지 않아도 달려가서 체크인을 도왔다. 영어에 능숙한 이 총지배인이 안내데스크 일을 도와주는 걸 모두 반겼음은 두말할 필요도 없다. 이런 모습은 호텔에 입사해 어느 정도 업무를 익인 후 '언젠가 반드시 총지배인이 되겠다.'는 꿈을 품고 '내가 총지배인이라면 어떻게 했을까?'라는 생각에 사로잡혀 살았다는 것으로 설명이 가능하다.

이뿐 아니다. 어떻게 하면 외국인 경영진을 뛰어넘어 한국인으로서 총지배인이 될 수 있을까를 연구하던 이 총지배인은, 한국인은 주로 실무에만 투입되다 보니 기획 등의 일은 전혀 할 기회가 없고, 결과적으로 기획능력이 뒤떨어짐을 절감했다. 이를 위해 이 총지배인이 찾아낸 방법은 그대로 따라 하기. 외국인 경영진이 작성해서 사용하고 버린 기획서를 쓰레기통에서 찾아내 검토하고 익히기를 수차례 반복했다. '딴 짓 하지 말고 시키는 일이나 잘하라.'는 선배들의 충고도 여러 번 들어야 했다. 그러나 흔들리지 않고 이런 일을 반복하면서 '기획업무 또한 별것 아니다, 나도 충분히 할 수 있겠다.'는 자신감을 얻었다.

국내 특급호텔 한국인 1호 총지배인에서
한국 최고의 호텔리어로

준비된 자에게 기회는 수월하게 찾아왔다. 이 총지배인이 힐튼 호텔에서 근무하던 시절, 상당한 규모의 연회가 잡혀 있던 바로 전 날의 일이다. 모두 퇴근한 후 한밤중에 이 총지배인은 혼자 호텔에 남아 연회 준비가 잘돼 있는지를 마무리 점검하고 있었다. 당시 힐튼호텔 오너였던 정희자 전 회장이 우연히 연회장을 둘러 보다 이 총지배인을 발견한다. 더 기막힌 필연은 다음날 새벽에 벌어졌다. 역시 새벽에 제일 먼저 출근해 연회장을 돌아보며 이 것저것 준비하고 있던 이 총지배인과 정 회장이 다시 한 번 마주 친 것. 전 날 한밤중에, 다음날 새벽에 두 번이나 연거푸 혼자 일 하는 한 직원과 회장이 조우한 것이 인상적인 일이었음은 두말할 필요 없을 것이다. 그리고 연회장. 외국인 손님들과 자유자재로 영어로 대화하는 이 총지배인의 모습을 정 회장이 다시 보게 됐 다. 정 회장은 바로 '저 사람이 누구인지 알아보라.' 고 지시했다. 이것이 정 회장과 이 총지배인의 공식적인 첫 만남이다.

남다른 성실성에 뛰어난 영어실력으로 무장한 직원을 오너가 좋아하지 않는다면 그것이 도리어 이상할 것이다. 이때부터 이 총지배인은 날개를 달게 된다. '외국인이 아닌 한국인 호텔 경영 진을 키워보고 싶다. 맘껏 능력을 펼쳐봐라.' 는 제의는 이 총지 배인이 만난 첫 번째 기회였다.

　물론 기회를 성공으로 이끄는 것은 능력이다. 레스토랑 매니저 업무를 맡겨도, 기획일을 맡겨도, 타고난 성실성과 집중력, 유창한 외국어실력을 바탕으로 척척 일을 해내는 이 총지배인은 고속 승진을 거듭해 한국인 최초의 서울 특1급 외국계 체인호텔 식음료 담당 임원(웨스틴조선호텔, 힐튼호텔에서 얻은 명성을 바탕으로 친정인 웨스틴조선호텔에 다시 스카우트됐다)에서 국내 최초 웨이터 출신 총지배인 겸 사장(제주하얏트호텔)이라는 영광스런 타이틀을 거머쥐게 됐다.

　이어 롯데호텔 총지배인으로 오게 된 데는 이 같은 이름값에 더불어 능숙한 일본어실력이 근간이 됐다. 국내 특급호텔 중에서도 일본인 고객이 가장 많이 찾는다는 롯데호텔에 이 총지배인만 한 적임자도 없었을 듯싶다. 롯데호텔로 자리를 옮긴 후 1년여. 체크인 프런트를 과감하게 14층으로 옮기고 로비를 서재처럼 꾸미는 등 대대적인 리노베이션을 단행하면서 롯데호텔을 최고급 호텔로 거듭나게 하기 위해 불철주야 일하고 있다는 이 총지배인. 이 총지배인은 이제 '국내 특급호텔의 한국인 1호 총지배인'을 넘어서 '한국인, 외국인을 통틀어 한국 최고의 호텔리어'가 되기 위한 새로운 도전을 시작하고 있다.

이정렬 롯데호텔서울 총지배인의 성공 비결

1. 토종 국내파라고 기죽지 마라.

이정렬 롯데호텔서울 총지배인은 외국어 공부를 위해 외국에 나가본 적이 없는 순수 토종 국내파다. 외국어실력을 향상시키기 위해 끊임없이 공부하고 또 공부한 게 전부다. "사전을 삶아 먹으면 단어가 잘 외워진다고 해서 사전을 통째로 삶아 그 물을 마신 적도 있다."고 토로할 정도로 지독하게 언어와의 싸움을 계속해온 것이 유일한 비결이다.

이와 관련하여 이 총지배인은 "외국어실력은 노력하는 만큼 꾸준히 향상되는 게 아니다. 오랫동안 외국어 공부를 해오면서 느낀 것은 외국어를 잘하기 위해서는 10계단 정도를 뛰어넘어야 한다는 것이다. 별 진전이 없는 듯하다가 한 계단을 넘으면 실력이 팍 뛰고, 또 팍 뛰고를 열 번쯤 반복한 것 같다. 포기하지 않고 계속해서 그 계단을 모두 뛰어넘을 수만 있다면 누구든 외국어를 능숙하게 잘할 수 있을 것이다."라는 경험담을 풀어놓았다.

2. 주인정신을 갖고 일하라.

이정렬 총지배인은 자신이 맡은 일만 하는 데 그치지 않았다. 큰 연회가 있거나 하면 호텔의 전 직원이 바빠진다. 일손이 모자라다 보니 연회 업무를 맡은 직원이 아니더라도 업무에 투입되는 경우가 허다하다. 퇴근 길에 붙잡혀서 연회 준비에 투입된 직원들은 불만을 토로하는 것이 보통이었지만, 이 총지배인은 불만은커녕 스스로 달려가 일했다. 숙박객이 몰려 안내데스크가 바빠지면 누가 시키지 않아도 쫓아가 체크인을 도왔다. 영어에 능숙한 이 총지배인이 안내데스크 일을 도와주는 걸 모두가 반겼음은 두말할 필요가 없다. 이런 일이 반복되면서 얻어진 사내의 신망이 이 총지배인의 앞길에 큰 도움이 됐음은 당연지사다.

조원용 아시아나항공 홍보이사

1957년생
성균관대 영어영문학과 졸업
1985년 금호아시아나그룹 입사
1988년 그룹 회장부속실 파견
2000년 금호아시아나그룹 비전경영실 홍보팀장
2003년 금호아시아나그룹 전략경영본부 홍보팀장
2005년 12월 아시아나항공 홍보이사

　　1985년 금호아시아나그룹 공채 1기로 금호맨이 된 조원용 아시아나항공 이사는 영어, 일본어, 중국어를 꾸준히 공부해온 흔치 않은 경우다. 입사 이후부터 지금껏 회사에 한두 시간 일찍 출근하여 사내 강습은 물론 개인교습을 계속 받아왔다. 그 결과, 영어 의사소통에는 무리가 없을 정도이고, 일본어와 중국어로도 대화를 할 수 있는 수준이다. 글로벌 그룹으로 도약하기 위해 다양한 노력을 기울이고 있는 금호그룹에 안성맞춤인 인재인 셈이다.

외국어 공부와 함께 성실성을 인정받다

조원용 이사가 외국어 공부를 위해 들인 노력은 출중한 외국어 실력뿐 아니라 다른 결과로도 이어졌다. 외국어 공부를 위해 항상 일찍 출근한다는 사실이 사내에 널리 퍼지면서 '성실한 노력파'라는 이미지를 깊게 각인시킨 것이다. 성실한 노력파를 반기지 않을 조직은 없다. 덕분에 조 이사는 좋은 평판을 얻으며 회사 생활을 해올 수 있었다. 단순한 외국어실력 향상과는 비교도 안 될 정도의 결실이다.

조 이사는 입사 후에도 꾸준히 외국어 공부를 하게 된 계기가 "2005년에 별세한 고 박성용 금호아시아나그룹 전 명예회장과의 1대 1 입사면접이었다."고 전했다. 미국 예일대에서 경제학 박사학위를 받고 클리블랜드 케이스공대 교수로 재직했었는가 하면, 미국인 마거릿 클라크 여사와 결혼한 박 전 회장은 유창한 영어로 유명했다. 조 이사는 영어영문학과 출신인 데다 영어회화 실력을 기르기 위해 통역 아르바이트 등을 자주했던 만큼 회화는 어느 정도 자신이 있었지만, 박 전 회장의 실력에는 어림도 없었다. 게다가 영문학과 출신 신입사원 후보들에게 관심을 보이며 영문학에 대해 논하는 식의 질문도 부담스러웠다고 한다. 자신의 일천한 영어실력을 깨달은 조 이사는 입사가 결정된 후 더욱 열심히 영어 공부를 해야겠다고 결심한다. 이 같은 결심을 실천하기 위해 외국어대 어학연수원을 다니는 등 주경야독을 시작했다.

조 이사는 외국어 공부를 위해 항상 일찍 출근하면서
'성실한 노력파'라는 이미지를 깊게 각인시켰다.
성실한 노력파를 반기지 않을 조직은 없다.

일반 샐러리맨에 비해 훨씬 영어와 가까운 생활을 했지만, 그
래도 외국어실력에 대한 갈망은 계속됐다. 두 번째 계기는 1988
년 제2민항으로 선정된 아시아나항공의 영문 브로셔를 만들면서
였다. 1987년에 회장실로 자리를 옮긴 후 그룹의 전반적인 업무
를 맡고 있던 데다 영어를 잘하는 사람이라는 소문까지 난 조 이
사에게 아시아나항공 영문 브로셔 작업이 맡겨졌다. 그런데, 참
고할 만한 자료가 없었던 터라 타사에서 영어로 만들어낸 연간
보고서를 인용했다가 지적을 받는 사태가 일어났다. 쓰인 영어
문장이 소위 '콩글리시'가 많은 데다 가장 중요한 해외 주소가
틀린 곳이 많았기 때문이다. 다시 한 번 충격을 받은 조 이사는
더욱 영어 공부에 박차를 가했다.

영어 공부의 고삐를 죄게 한 박 전 회장은 조 이사가 중국어 공
부를 시작한 데에도 결정적인 영향을 끼쳤다. 어느 날 박 전 회장
은 조 이사에게 사업 파트너인 중국인이 한국을 방문하는 동안
보좌하라고 지시했다. 중국어를 한마디도 못했던 조 이사는 통역
을 대동하고서 중국인의 방한 일정 동안 보좌역을 하긴 했지만,
이때부터 중국어 공부의 필요성을 절감하게 됐다. 특히 향후 중

국과의 거래가 더욱 빈번해질 것이기에 중국어는 필수가 될 것으로 판단했다.

그리고 곧바로 명동 화교학교에서 진행하던 '일반인을 위한 중국어 과정'에 등록하고 공부를 시작했다. 퇴근 후 화교학교로 가서 중국어를 공부하기를 석 달. 그 후로는 화교학교에서 만난 한 강사로부터 개인교습을 받기 시작했다. 대만어, 중국 표준어(만다린어), 완전체, 간체를 모두 가르치느라 진도가 느린 학교 수업에 의지해서는 중국어 마스터의 길이 너무 멀다고 생각했기 때문이다. 대신 매일 오전 7시부터 8시까지 1시간씩을 만다린어 간체를 익히는 데만 투자했다. 그 결과 3년 후 쯤엔 중국어를 읽고 쓰고 대화하는 데 큰 어려움이 없을 정도까지 발전했다.

요즘도 조 이사의 중국어 공부는 계속되고 있다. 지난해 회장실에서 아시아나항공으로 자리를 옮긴 후, 아시아나항공 사내에 개설된 중국어 수업을 꾸준히 듣고 있는 것.

"중국어는 사용하지 않으면 성조를 잊어버립니다. 중국어는 성조가 살아나지 않으면 제대로 들리지 않는 언어이기에, 성조를 잊어버리면 중국어를 전혀 못한다 해도 과언이 아닙니다. 그래서 성조를 잊어버리지 않기 위해 계속 수업을 받고 있지요."

그런가 하면 일본어 공부는 선진국 시찰 프로그램에 참여하여 일본을 둘러보고 난 후부터 하게 됐다. 회장실에서 조 이사가 주로 해온 업무는 그룹 홍보였는데, 당시 선진국 시찰 프로그램은 전경련 소속 그룹 홍보 담당자들이 함께 했다. 그때의 자극으로 일본어 공부를 시작했다. 3개월 동안 학원을 다니며 기초과정을 이수한 후, 역시 개인교습을 시작했다. 일본어를 어느 정도 마스터하기까지 또 3년 이상이 걸렸다.

'집념의 세계인'을 향한 끈기 있는 노력

조 이사의 저력은 한 가지 언어를 정복하기 위해 3년 이상의 시간을 지속적으로 투자하는 꾸준함이다. 실제로 많은 기업체들이 직원들의 어학실력을 향상시키기 위해 다양한 어학강좌를 마련해놓고 있다. 그러나 꾸준히 강좌에 출석해서 공부하는 사람은 많지 않다. 그만큼 중도에 포기하는 경우가 대부분이다. 자신과의 싸움을 통해 중도 포기하지 않는 자만이 언어를 마스터하는 열매를 맛볼 수 있다. 조 이사 또한 늘 자신을 채찍질해가며 수년간 언어 공부를 게을리 하지 않았기에 그 과실을 맛볼 수 있게 된 것이다.

그러나 막상 조 이사가 자신의 성공 비결로 꼽은 것은 꾸준한 외국어 공부를 통해 쌓은 외국어실력이 아니었다. 그 과정에서 '조원용은 무슨 일을 하든지 한번 시작하면 끝장을 보는 사람'이라는 평을 얻은 것이라고 했다. 외국어 공부를 할 시간이 이른 오전과 퇴근 후밖에 없다 보니, 항상 외국어 공부를 위해 일찍 출근해야 했다. 업무가 홍보이다 보니, 전날 밤 늦게, 혹은 새벽 늦게

까지 술을 많이 마시는 날이 많았음에도 매일 아침 말쑥한 차림으로 출근시간보다 한두 시간 일찍 와서 공부를 하는 모습이 사내에 알려졌음은 물론이다.

모토가 '집념의 세계인'이라는 조 이사는 "'당신은 무슨 일을 시키든 끝까지 잘 해낼 것'이라며 격려해준 선배들이 많았다."며 "이들이 지금까지의 회사생활에 음으로 양으로 도움이 되었다."고 토로했다.

사실 조 이사는 수년간 고생하며 쌓아올린 외국어실력을 펼쳐 보일 기회가 그다지 많지 않았다. 회장실과 홍보실의 업무 특성상 외국어를 사용할 기회가 별로 없었던 것. 하지만 당장 필요하지 않을 것 같음에도 불구하고 공부를 게을리 하지 않는 조 이사를 회사에서 눈여겨보지 않았을 리가 없다. 한결같은 성실성과 목표에 대한 도전의식이 높이 평가받았다고 하지 않을 수 없는 대목이다.

조 이사가 자신의 성공 비결로 꼽은 것은
꾸준한 외국어 공부를 통해 쌓은 외국어실력이 아니라,
그 과정에서 '조원용은 무슨 일을 하든지 한번 시작하면
끝장을 보는 사람'이라는 평을 얻은 것이다.

가정생활에도 큰 도움이 된 외국어 공부

준비하는 자에게 반드시 때가 온다고 했던가. 지난해 말 조 이
사는 아시아나항공으로 자리를 옮기면서 신임 임원이 됐다. 아시
아나항공은 금호아시아나그룹의 어느 계열사보다 외국어능력이
중요한 곳이다. 조 이사의 실력을 펼쳐 보일 장이 마련된 셈이다.
특히 2006년 12월부터 아시아나는 임원회의를 영어로 진행할 계
획이다. 이후 팀장회의, 지점장회의도 단계적으로 영어로 진행할
예정이다. 물론 모든 자료도 영어로 입력된다. 한순간도 놓지 않
은 영어지만 그래도 긴장되는 것은 사실이다. 이를 위해 조 이사
는 요즘도 책상에 영자신문을 산더미처럼 쌓아놓고 틈나는 대로
읽고 있다. 새벽에 출근하는 차 안에서는 매일 KBS FM의 〈굿모
닝팝스〉를 들으며 최신 감각을 익힌다. 다시 한 번 영어 공부의
고삐를 바짝 죄기 시작한 것이다.

한편 조 이사는 회사생활을 위해 계속해온 외국어 공부가 가정
생활에도 큰 도움이 된다고 밝혔다. "일본과 중국은 가이드 없이
현지어로 대화하면서 여행할 수 있는 수준은 됩니다. 이런 저를
놀라운 눈으로 바라보면서 자신들도 아빠처럼 되기 위해 열심히
공부하겠다고 말하는 자녀들을 보니 뿌듯함이 느껴지더군요."

결국 조 이사의 20년 동안 끊이지 않은 외국어 공부는 회사에
서의 성공과 가정에서의 성공 둘 다를 가져온 보물이었다고 해도
과언이 아닐 듯싶다.

조원용 아시아나항공 이사의 성공 비결

1. 외국어 공부하는 모습으로 성실성 어필

조원용 아시아나항공 이사가 외국어 공부를 위해 들인 노력은 출중한 외국어실력뿐 아니라 다른 결과로도 이어졌다. 외국어 공부를 위해 항상 일찍 출근한다는 사실이 사내에 널리 알려지면서 '성실한 노력파'라는 이미지를 깊게 각인시킨 것이다. 성실한 노력파를 반기지 않을 조직은 없다. 덕분에 조 이사는 좋은 평판을 얻으면서 회사생활을 해올 수 있었다. 단순한 외국어실력 향상과는 비교도 안 될 정도의 결실이다.

모토가 '집념의 세계인'이라는 조 이사는 "'당신은 무슨 일을 시키든 끝까지 잘 해낼 것'이라며 격려해준 선배들이 많았다."며 "이들이 지금까지의 회사생활에 음으로 양으로 도움이 되었다."고 털어놓았다.

2. '낙숫물은 바위도 뚫는다.'

조원용 이사의 저력은 한 언어를 정복하기 위해 3년 이상의 시간을 지속적으로 투자하는 꾸준함이다. 많은 기업체들이 직원들의 어학실력 향상을 위해 다양한 어학강좌를 마련해놓고 있다. 그러나 꾸준히 강좌에 출석해 공부하는 사람은 많지 않다. 중도 포기하는 경우가 대부분이다. 자신과의 싸움을 통해 중도에 포기하지 않는 자만이 언어를 마스터하는 열매를 맛볼 수 있다. 조 이사 또한 늘 자신을 채찍질해가며 수년간 언어 공부를 게을리 하지 않았기에 그 과실을 맛볼 수 있게 된 것이다.

Chapter 5

대기업 임원의
새로운 조류

이공계 출신과 여성들의 대약진, 나이와 학력의 파괴

조류 1 - 이공계 출신의 대약진

2005년 말과 2006년 초에 이뤄진 대기업 임원 인사의 가장 큰 특징은 바로 이공계 출신의 대약진이었다.

삼성그룹의 경우, 전체 승진 임원의 58% 정도가 이공계 출신이었다. 특히 신규 임원 10명 중 7명이 이공계 전공자였다. LG그룹도 올 초 신규 임원의 60% 이상이 이공계 졸업생으로, 연구개발과 상품개발, 생산현장 등에서 잔뼈가 굵은 사람들이었다.

이 같은 추세는 좀 더 범위를 확대해봐도 마찬가지다. 상장사협의회에서 2006년 7월 673개 사 1만 1,779명을 대상으로 주권상장법인의 주요 인적사항을 분석한 바에 따르면, 전체 임원 중 가장 많은 전공은 이공계열이었다. 이공계열 출신은 총 3,699명으로, 비율로는 40%에 달했다. 이는 상경계열의 37%나 인문계열의 12.8%를 상회하는 수치다. 특히 집행임원의 경우, 이공계열 전공자가 50.3%로 절반을 차지하고 있는 것으로 조사되었다.

이는 기업들의 경영현장에서 기술과 연구개발의 중요성이 갈수록 커지고 있음을 나타낸다.

실제로 기업체 인사 담당자들은 한결같이 "글로벌 경쟁시대를 맞아 기술에 대한 이해가 필수적이 됐다."면서 "이공계 출신을 우선적으로 발탁하는 이 같은 흐름은 갈수록 강화될 것."이라고 말한다.

이공계 출신 임원이 많아진다는 점은 기업의 기술경영이 정착돼가고 있으며, 엔지니어 출신 임원들이 명실상부한 기업의 중심으로 부상했다는 것을 의미한다. 이에, 이공계 출신 임원 두 사람을 인터뷰하여 그 현실을 살펴본다.

백진기 한화종합화학 신사업부문 상무

1955년생
고려대 농화학과 졸업
한화종합화학 기획팀 팀장
한화종합화학 신사업부문 상무

"흔히 주특기가 있어야 한다는 말을 많이 하죠. 회사 같은 조직에서 성공하기 위해서는 두루뭉술한 지식만으로는 한계가 있어요. 전문분야가 있어야 하는데, 제조업계에서는 엔지니어 출신이 프리미엄을 가질 수 있죠."

백진기 한화종업화학 신사업부문 상무가 밝히는 '엔지니어 출신 임원론'이다. 엔지니어 출신으로서 기술적인 배경과 함께 회사경영 전반에 대한 종합적인 지식, 그리고 커뮤니케이션 능력을 갖춘다면 리더로서 제격이라는 것.

조직에서 성공하려면 주특기, 즉 전문분야가 있어야 한다

백진기 상무 스스로가 걸어온 인생경력도 이와 무관치 않아 보인다.

현재 건자재와 자동차부품 등 소재산업을 영위하고 있는 한화종합화학에서 신사업 전문가로 손꼽히는 그의 첫 근무지는 바로 공장. 속칭 '기름밥'을 먹는 일이었다. 1979년에 대학에서 화학을 전공하고 졸업한 백 상무가 선택한 첫 직장은 한국플라스틱이었다. 한국플라스틱이 1981년에 한화그룹에 인수된 점을 감안하면, 첫 직장에서 지금까지 근무한 셈이다.

입사 후 3년 동안 공장에서 근무하며 실무를 익힌 후, 기획과 영업 등을 거쳐 백 상무가 자리를 잡은 곳은 바로 신사업부문이었다. 그렇게 오랜 기간 한화종합화학 신사업부문에서 일해오면서 현재 회사의 주력사업이 된 건자재와 자동차부품 등 새로운 수익사업 발굴에 일조해왔다. 이 과정을 통해 회사와 그룹 내에서 자연스럽게 신사업 전문가로 자리를 잡을 수 있었다.

"엔지니어 출신으로 주특기를 생각하다 보니 '신사업'이라는 결론이 나왔습니다. 단순히 회사에서 성공하겠다, 임원이 되겠다는 생각보다는, 잘할 수 있는 것을 하자는 생각이 강했죠. 플라스틱 소재를 이용한 적합한 사업이 부족했던 상황에서 신사업을 통해 회사에 기여한다는 자부심이 컸습니다. 화학을 전공하고 공장에서 근무한 덕에 제조업 쪽 기초가 있어서 새로운 추세를 읽고 기술적 틀을 이해하는 데 상당한 도움이 됐어요."

80년대 초 주택건설 붐을 타고 플라스틱바닥재와 창호재사업을 시작하고, 90년대 들어 자동차 경량화 바람과 함께 자동차 플라스틱범퍼와 발포포장재사업에 뛰어드는 등, 한화종합화학의 신사업부문은 상당한 성공을 거뒀다. 이 과정에서 엔지니어 출신이라는 점이 백 상무에게는 업무에 큰 도움이 되었다.

> "엔지니어 출신으로 주특기를 생각하다 보니
> '신사업'이라는 결론이 나왔습니다.
> 성공하겠다, 임원이 되겠다는 생각보다는
> 잘할 수 있는 것을 하자는 생각이 강했죠."

물론 어려움도 적지 않았다. 90년대 초에 시작한 자동차부품사업과 시스템욕조사업은 어려움을 겪었다.

"90년대 초에 일본에서 성공적이던 시스템욕조사업을 시작했는데, 실패로 돌아갔습니다. 소재에 민감하고 고급스런 디자인을 좋아하는 한국 고객의 기호를 파악하는 데 실패한 거죠."

지금은 회사 매출의 25%를 차지하고 있는 자동차 관련 사업도 마찬가지였다. 자동차 경량화와 친환경 소재에 대한 수요 증가라는 트렌드는 읽었지만, 너무 빨리 시작한 것이 문제였다.

"IMF 외환위기가 닥치면서 회사에서 문제 사업부로 낙인이 찍

했어요. 물론 지금은 연비와 친환경 소재에 대한 인식이 달라지면서 한화종합화학은 이 부문에서 글로벌 톱3 업체로 떠올랐습니다."

1993년, 비교적 빠른 38세에 부장에 올랐지만, 이후 7년 동안 부장에 머문 것도 이런 사정과 무관치 않다.

"개인적으로 마음고생도 있었죠. 회사에 기여할 수 있는 신사업 발굴을 통해 능력을 검증받겠다는 생각도 강했습니다. 임원이 될 때까지는 다른 곳으로 가겠다는 생각을 하지 않았습니다. 어려운 시기를 겪으면서 신사업부문에서 명예를 회복하겠다는 의지가 있었죠."

각종 내부 연구회와 발표회, 세미나, 간담회에는 빠지지 않고 참여했다. 신사업 기회를 찾기 위해 월 1회 이상의 출장은 기본이었고, 1년에 150일 이상을 해외에서 보내는 건 보통이었다.

한화종합화학에서 1999년부터 새로 시작한 것이 IT전자부품 사업이었다. IMF 경제위기로 위축됐지만, 전자부품이야말로 종합화학기업의 경쟁력을 살릴 수 있는 분야라고 판단했다.

"IT산업 자체가 국가적으로 경쟁력이 있고, 향후 성장여력도 높다고 봤습니다. 하지만 부품소재 쪽은 기술이 상대적으로 떨어져 사업기회가 충분하다는 생각이었죠. 기존 역량을 발휘할 수 있는 부문이라 여겼습니다."

현재 전자부품소재에서 한화종합화학은 PCB(인쇄회로기판),

디스플레이용 자재, 광학필름 등의 사업을 행하고 있다. 현재 건자재가 점차 범용화하는 반면, 자동차부품과 1999년부터 시작한 전자부품소재산업은 한화종합화학의 새로운 성장사업으로 급부상하고 있다.

예견력, 비전 공유 리더십, 종합적 경영지식

전자부품사업이 본격화하면서 백 상무는 2000년에 임원으로 승진했다.

"개인적으로는 회사의 재신임을 받았다는 느낌이 컸어요. 업무면에서는, 전에는 혼자서 열심히 하면 됐지만, 책임감이 커지고 일하는 영역이 더 넓어졌죠."

신사업 분야 임원으로서 가장 요구되는 역량은 당연히 예견력. 산업을 보는 눈과 시장의 변화를 읽는 예견력은 필수다. 여기에 실무를 진행하기 위해서는 기능적 능력을 갖춰야 한다. 백 상무는 "기술적 백그라운드를 갖추고 마케팅과 영업 등 업무를 모두 경험한 것이 사업성을 평가하는 데 도움이 됐다."고 강조한다.

신사업부문은 상대적으로 자율성이 높지만, 전례가 없는 만큼 사업 추진에 어려움을 겪기도 쉽다. 사업을 책임지는 임원으로서의 노력도 더 요구된다.

"최고위 과정 등 학교를 활용하고, 사내 연구회 등에 참여하면서 기술 부문에서의 흐름을 놓치지 않기 위해 노력하고 있습니다. 각종 비공식 모임들도 활용 대상입니다. 사내에서 실시하는 각종 연수도 큰 도움이 됩니다.”

강조되는 리더십에서도 차이가 있다. 전례가 없는 만큼, 정형화된 업무처리방식이 없다. 대신 목표 설정과 비전에 대해서 조직 내에 공감대가 만들어지는 게 중요하다.

“비전에 대한 공유가 상하 간에 명확히 형성돼야 합니다. 업무 자체가 좌절되거나 극복되기 힘든 점이 많은 만큼, 기존 사업보다 더 많은 열정도 필요하죠. 동기 부여가 이뤄지지 않으면 신사업 추진은 쉽지 않아요.”

‘팀 빌딩(Team Building)’ 과정을 통해 자연스런 동료의식을 만들어나가는 것이 방법이었다. 세미나와 발표회 등을 통해 정기적으로 성과를 점검하고, 새로운 사업이 성공하면 충분한 보상이 이뤄지도록 했다.

“최근 들어 경영환경이 빠르게 변하고 있습니다. 변화와 혁신에 대한 요구가 높아요. 이를 감안할 때, CEO가 미래에 대한 목표를 정하면 임원들은 이를 조직원들에게 전파하고 공감대를 형성하는 역할을 해야 한다고 봅니다. 이런 조직문화가 문화로 자리 잡으면 기업의 경쟁력은 자연히 높아질 것으로 생각합니다.”

임원을 꿈꾸는 공대 출신 엔지니어들에 대한 당부 하나.

“임원이라면 기업 경영에 대해 종합적인 지식을 갖춰야 해요. 기업 경영에 대해 기본적인 것을 아는 데 전력하면서, 관련 산업에 지속적으로 관심을 갖고 향후 세상이 어떻게 움직일 것인가를 예견하는 노력도 지속해야죠. 최근 인기를 끌고 있는 테크노 MBA 과정 등도 엔지니어 출신 회사원들에게는 도움이 될 수 있을 겁니다."

백 상무가 생각하는 한화종합화학의 미래는 IT 분야 신사업. 디스플레이 분야의 사업 강화와 함께 의료기 분야 사업 진출도 계획 중이다.

"임원을 꿈꾸는 엔지니어들은
기업 경영에 대해 종합적인 지식을 갖춰야 해요.
아울러 관련 산업에 지속적으로 관심을 갖고,
세상이 어떻게 움직일 것인가를 예견하는 노력도 지속해야죠."

백진기 한화종합화학 상무의 성공 비결

1. 주특기를 만들어라.

"엔지니어 출신으로 주특기를 생각하다 보니 '신사업'이라는 결론이 나왔어요. 단순히 회사에서 성공하겠다, 임원이 되겠다는 생각보다는 잘할 수 있는 것을 하자는 생각이었습니다."

입사 후 3년 정도의 공장 근무로 현장기술에 대한 이해를 마친 후 백진기 상무가 선택한 주특기는 신사업이었다. 엔지니어 출신의 기술적 장점을 살릴 수 있고 회사에 대한 기여도가 높다는 생각에서였다. 실제로 백 상무는 오랜 기간 한화종합화학 신사업부문에서 일하며 회사의 주력사업이 된 건자재와 자동차부품 등 새로운 수익사업 발굴에 일조해왔다. 이 과정을 통해 회사와 그룹 내에서 자연스럽게 신사업 전문가로 자리를 잡을 수 있었다. 신사업의 실패로 경력 관리에 위기를 맞은 적도 있지만, IT산업과 자동차부품산업 진출 성공으로 결국 신사업부문을 책임지는 임원의 자리에 올랐다.

2. '팀 빌딩(Team Building)'으로 비전을 공유하라.

정형화된 업무나 사업이 없는 신사업부문에서 잔뼈가 굵은 만큼 백진기 상무가 강조하는 리더십은 '팀 빌딩'과 '비전 공유'. 팀 빌딩 과정을 통해 자연스럽게 동료의식을 만들어나가고, 세미나와 발표회 등을 통해 정기적으로 성과를 점검한다.

"변화와 혁신에 대한 요구가 높아지고 있는 만큼, CEO가 미래에 대한 목표를 정하면 임원들은 이를 조직원들에게 전파하고 공감대를 형성하는 역할을 해야 한다."는 것이 백 상무가 강조하는 비전 공유 리더십의 요체다.

박정화 한국 IBM 소프트웨어사업본부 전무

1959년생
서울대 컴퓨터공학과 졸업
1987년 한국 IBM 영업부 시스템 엔지니어
1997년 한국 IBM e비즈니스 컨설팅사업
팀장
2002년 아태지역 CRM 컨설팅사업부
담당 중역
2003년 한국 IBM 마케팅본부 상무이사
2005년~현 한국 IBM 소프트웨어사업
본부 전무

"지속적으로 배울 수 있고 넓게 활동할 수 있다는 점에서 IBM
을 선택했습니다. 여성으로서 취업조건이 좋다는 점도 빼놓을 수
없었구요."

박정화 한국 IBM 소프트웨어사업본부 전무가 현 직장을 선택
한 이유다. 박 전무는 서울대 컴퓨터공학과 1기 졸업생. 대학을
졸업하고 대학원 진학, 유학 등을 거쳐 학계에 진출하는 것이 당
시 서울공대 졸업생들의 가장 일반적인 진로였다. 그러나 박 상
무는 기업을 선택했다. 대상은 한국 IBM. 그리고 다국적기업에
서 여성 엔지니어로 잔뼈가 굵었다.

박 전무는 2002년 아태지역 CRM(고객관계관리) 컨설팅사업부 중역을 거쳐 현재 소프트웨어사업본부 전무로 재직 중인, 한국 IBM을 대표하는 엔지니어 출신 여성 임원이다.

한국 IBM을 대표하는 엔지니어 출신 임원

"학교에 남기보다는 기업에서 다양한 분야의 업무를 하고 싶었어요. 1982년에 처음 입사해서 전공을 살리다 보니 자연스럽게 소프트웨어개발팀에서 근무하게 됐습니다. 한글 PC 출시 작업을 했던 일이 기억에 남습니다. 각종 소프트웨어를 한글화하는 일이었는데, 운이 좋아서인지 그때부터 신규 솔루션이나 소프트웨어 분야 업무를 다양하게 접할 수 있었습니다."

제품개발 분야 소프트웨어 엔지니어에서 출발한 박 전무는 이후 영업 부문의 시스템 엔지니어와 서비스 분야 전문 컨설턴트, e비지니스 컨설팅사업 등 다양한 분야를 섭렵했다. 본인 스스로 "엔지니어라는 배경을 바탕으로 많은 것들을 경험했다."면서 "신규 사업이나 프로젝트를 수행한 후 각종 오프닝 행사를 많이 한 것이 기억에 남는다."고 말할 정도다.

수많은 프로젝트를 진행해왔지만, 엔지니어로서 가장 기억에 남는 것은 국내 모 항공사의 SI(시스템 통합) 작업.

"1988년이었어요. 당시로선 대형인 데다, IBM의 첫 시스템통합(SI) 프로젝트 계약이었습니다. 한 대형 항공사의 예약 단말기를 설치하고 시스템을 만드는 것이었는데, 작업은 어려웠지만 성공적으로 마칠 수 있었죠. 프로젝트를 마친 후 하와이로 부부 동반 포상휴가를 받았을 정도였어요."

하지만 문제가 생겼다. 설치한 시스템의 네트워크가 자꾸 다운되는 현상이 발생한 것.

"문제가 터진 후 해결에만 두 달 이상 걸렸습니다. 원인을 발견하지 못해 고생하고 있었는데, 당시 40대의 한 고참 엔지니어가 시스템이 아니라 케이블에 문제가 있다는 것을 발견했죠. 경험 많은 엔지니어의 중요성을 절감했습니다. 그런 전문가들이 IT산업을 지탱하는 버팀목이에요."

엔지니어링과 영업, 서비스사업부 등을 두루 거친 박 전무가 본격적인 엔지니어 출신 임원의 길에 접어든 때는 2002년. 아태지역 CRM 컨설팅사업부 중역을 맡으면서다. 본사 업무를 맡으면서 일과 업무의 다양성에서 재미를 느꼈다는 박 상무는 이듬해에 한국 IBM의 마케팅본부 이사가 된다.

"CRM, e비즈니스 등을 두루 섭렵하고 직접 마케팅업무를 해볼 수 있는 좋은 기회였습니다. 다양한 분야의 업무경험과 임원으로서의 매니지먼트 경력이 결합될 때 고유의 경쟁력이 나올 수 있다는 점을 분명히 깨달았죠. 다른 사업 분야의 입장도 충분히 알고 이해할 수 있어야 임원자격을 갖췄다고 할 수 있습니다."

"상대방을 설득할 수 있는 능력을 갖춰야 합니다. 기업에서는 엔지니어도 순수한 연구가 아니라 영업 및 비즈니스와 연관돼 있다는 점을 분명히 알아야 합니다."

엔지니어 출신 임원의 첫 번째 덕목은 '다양한 분야에의 능통'

현재 박 전무는 한국 IBM에서 소프트웨어사업을 총괄하고 있다. 엔지니어 출신 임원으로서 갖춰야 할 첫째 덕목으로 박 전무는 다양한 분야에 능통해야 한다는 점을 꼽는다.

"글로벌기업들은 분기 실적을 강조하는 경우가 많아요. 당연히 장기적인 전략과 분기 비즈니스를 조화시켜나가야죠. 손이 서너 개는 필요하다고 느낄 때가 많아요. 제가 몸담고 있는 소프트웨어산업의 경우, 기술발전속도가 특히 빠릅니다. 새로운 솔루션이 지속적으로 늘어나고 있는 만큼 기술 습득도 게을리 할 수 없죠. 이를 고객에게 제대로 전달하여 적절하게 사용될 때 비로소 새로운 가치가 발생합니다."

이러한 지론대로 박 전무는 대인관계를 강조한다.

"상대방을 설득할 수 있는 능력을 갖춰야 해요. 이공계 대학생들은 혼자서 공부만 하거나 연구하는 성향이 있는데, 그럴 경우 회사에 들어와서 제대로 능력을 발휘하기 힘듭니다. 논리적으로 상대를 설득할 수 있는 능력을 갖춰야 상대방의 입장에서 원하는 게 무엇인지, 추구하는 게 무엇인지 파악할 수 있죠. 기업에서는 엔지니어도 순수한 연구가 아니라 영업 및 비즈니스와 연관돼 있다는 점을 분명히 알아야 합니다."

이런 점에서 엔지니어 출신들의 문은 더 넓어졌다. 예전에는 관계 중심의 영업이 주류였다면, 최근에는 IT 투자에 대한 기업들의 눈높이가 높아진 만큼 '제대로 가치를 알 수 있어야 한다.'는 것이 영업사원을 보는 기준이 됐다. 결론적으로, IT업계에 몸담고 있다면 기본적인 실력과 열정은 물론, 엔지니어라는 백그라운드의 중요성이 아주 높다는 얘기다.

이에 대해 박 전무는 "친화력, 영업력과 함께 기술에 대해 정확한 이해가 필수"라고 말했다.

한편 리더십에 관한 박 전무의 생각은 명료하다.

'권위를 갖추고, 직원들이 최대한 역량을 발휘할 수 있도록 도와야 한다는 것'이다. 이를 위해서 가장 필요한 점은 역시 솔선수범이다.

"목표를 명확하게 보여주고 솔선수범한다면 직원들은 자연스럽게 따라옵니다. 중요한 점은 공허한 목표가 아니라 구체적인 비전을 정확하게 제시해야 한다는 점입니다. 명확한 조직의 비전을 알리고, 사실과 수치에 근거해서 목표를 밝히며, 직원들의 역량을 적극적으로 개발해준다면, 좋은 리더십이 갖춰졌다고 볼 수 있습니다. 물론 임직원들 스스로도 기술과 역량을 계속해서 강화해나가야죠."

이런 점에서 글로벌기업의 리더십 프로그램이 큰 도움이 되고 있다. IBM은 본사 차원에서 리더 육성을 위해 다양하고 차별화된 프로그램을 실시하고 있는데, 이 교육이 임원으로서의 비전 제시와 리더십 확보에 기본이 되고 있다는 설명이다.

"IBM의 리더십 교육은 리더 잠재력이 있는 직원, 일선 관리자, 상급 관리자, 임원 등 직급별로 체계화돼 있어요. LEADing@IBM 이라는 리더십 포털을 통해 다양한 정보와 교육 기회를 제공하고 있는데, 그곳에서 임원으로서의 역량 강화에 직접적인 도움을 받고 있습니다."

"목표를 명확하게 보여주고 솔선수범한다면
직원들은 자연스럽게 따라옵니다.
중요한 점은 공허한 목표가 아니라
구체적인 비전을 정확하게 제시해야 한다는 점입니다."

향후 박 전무의 꿈은 진정한 의미의 글로벌 임원. 한국 기업의 임원이 아니라 본사 차원에서 인정받는 임원이 되고 싶다는 당찬 포부를 갖고 있다.

"이제는 한국 기업 출신 한국인 임원이 글로벌기업의 임원으로 스카우트될 수 있어야 합니다. 임원도 수출할 수 있어야 한다는 의미지요. 중국, 일본, 인도 등 시장규모가 크고 발전가능성이 큰 나라들 틈새에서 한국은 무엇일까, 하는 점을 고민해야 할 때입니다. 글로벌기업의 임원이라면 본사에서도 인정을 받아야죠. 이런 점에서 후배들에게 새로운 모범을 보여줄 수 있도록 노력하고 있어요."

박정화 한국 IBM 전무의 성공 비결

1. 다양한 업무를 통해 경력을 개발하라.

박정화 한국 IBM 전무가 쌓아온 경력의 최대 강점은 다양성이다. 여성 엔지니어라는 출발점에서 다국적기업인 IBM을 선택하여 거의 모든 분야의 업무를 섭렵해왔다. 엔지니어링과 영업, 서비스사업부 등을 두루 거치면서 박 전무는 업무에 열정을 보인 것은 물론, 능력을 인정받아왔다.

다양한 업무를 재미있게 하다 보니 자연스럽게 임원의 길로 접어들게 되었다. 박 전무는 아태지역 CRM 컨설팅사업부 중역을 맡으면서 본격적으로 엔지니어 출신 임원이 되었다. 본사 업무를 맡으면서 일과 업무의 다양성에서 재미를 느끼던 박 전무는 이듬해에 한국 IBM의 마케팅본부 이사가 되었고, 이어서 소프트웨어사업본부 전무가 되었다.

2. 구체적인 비전을 명확하게 제시하라.

엔지니어 출신으로서 리더십에 관한 박정화 전무의 생각은 명료하다. "권위를 갖추고, 직원들이 최대한 역량을 발휘할 수 있도록 도와야 한다."는 것이다. 이를 위해서 박 전무가 가장 강조하는 것은 역시 솔선수범. 목표를 명확하게 보여주고 솔선수범한다면 직원들은 자연스럽게 따라오게 된다는 것이 지론이다.

"중요한 점은 공허한 목표가 아니라 구체적인 비전을 정확하게 제시해야 한다는 점입니다. 조직의 비전을 명확하게 알리고, 사실과 수치에 근거해서 목표를 밝히며, 직원들의 역량을 개발해준다면 좋은 리더십이 갖춰졌다고 볼 수 있습니다."

조류 2 - 여성 임원의 시대가 열린다

지금을 '여성의 시대'라고들 한다. 사법고시고 행정고시고 수석을 여자가 차지하는 사례는 이제 너무 흔해져서 뉴스거리도 아니다. 연수원에서 여성 합격자들의 성적이 월등히 높다는 것 또한 관심거리가 되지 못한다. 대학에서는 여성 학생회장들이 활약하고, 더 나아가 초·중·고등학교까지도 '여풍'이 거세다. 심지어 아들 가진 엄마들이 "딸들 때문에 못 살겠다."고까지 할 정도다.

이처럼 사회 각계에서 여성 파워가 커지고 있는 상황에서, 기업에서의 여성은 어떨까? 아직까지는 '유리 천장'에 가로막혀 있다는 것이 중론이다. 노동부에 따르면, 1,000명 이상을 고용하고 있는 546개 사기업과 정부 부처 및 공기업에서 임원진 중 여성이 차지하는 비율은 3.3%에 불과한 것으로 나타났다. 게다가 320개 사기업과 95개 공기업은 중역진에 아예 여성이 한 명도 없었다. 삼성그룹은 전체 간부 중 25%가 여성임에도 불구하고 1,300명 임원 중 여성은 12명에 그쳤다.

국내 100대 기업으로 범위를 좁혀봐도 마찬가지다. 2006년 9월 현재 100대 기업 내의 여성 임원 수는 22명. 이 또한 엄청나게 높아진 수치다. 2년 전인 2004년만 해도 100대 기업의 여성 임원 수는 12명에 불과했다.

〈월간 CEO〉의 분석에 따르면, 이들 22명의 평균연령은 47.1세이며, 임원으로 입사한 경우를 제외하고, 임원이 되기까지는 평균 18.4년이 걸렸다. 2004년 평균 21.3년보다 3년이나 단축된 수치다. 또한 이들은 여성 임원이 많이 배출되기 위해서는 '여성 자신의 경쟁력 확보'가 가장 중요하다고 생각하는 것으로 나타났다.

그렇다면 과연 유리 천장을 보란 듯이 뚫고 100대 기업 여성 임원 명단에 이름을 올린 22명은 누구일까?

우선, 2004년 조사 때도 임원 자리를 지키고 있던 여성 12명은 김진 LG전자 상무, 이현정 삼성전자 상무, 김은미 삼성카드 상무, 박현정 삼성화재 상무, 이정민 제일모직 상무보, 이영희 KT 상무, 권은희 KT 상무보, 이후선 KT 상무대우, 조화준 KT 상무보, 강선희 SK 상무, 윤송이 SK텔레콤 상무, 신교정 교보생명 상무보 등이다.

숫자는 많지만, 자세히 보면 삼성그룹 소속이 4명, KT가 4명으로 이들이 3분의 2 이상을 차지함을 알 수 있다. 결국 100대 기업 여성 임원이라는 게 극소수 기업에서의 일이라는 얘기다.

이후 2005년, 2006년에 새로 이름을 올린 이들은 신대옥 국민은행 부행장, 전영희 국민은행 본부장, 김순현 국민은행 본부장, 김유미 삼성SDI 상무보, 김영순 LG상사 패션부문 상무, 나현정 LG화재 이사, 유혜정 LG전자 상무, 조은숙 LG전자 상무, 이순영 하이닉스반도체 상무보, 예경희 대한항공 상무 등 10명이다.

이들 중 가장 먼저 100대 기업 여성 임원이 된 사람은 2000년에 임원이 된 권은희 KT 상무보다. 이어 2001년에는 김진 LG전자 상무와 조화준 KT 상무가 리스트에 올랐다. 그런가 하면 국민은행은 2006년에 여성 임원 세 명을 한꺼번에 배출하면서 일거에 여성 부행장과 본부장을 거느린 유일한 은행이 됐다.

100대 기업 여성 임원 프로필

출처 : 〈월간 CEO〉

회사명	성명	출생연도	출신대학(학부)	현재 직위	담당 부서
국민은행	신대욱	1951	숙명여대 교육학과	부행장	PB Asset Management
	전영희	1954	숙명여대 가정관리학과	본부장	경동지역본부
	김순현	1955	성균관대 영어교육학과	본부장	강남지역본부
교보생명	신교정	1956	부산대 무역학과	상무보	여신전략
대한항공	예경희	1959	서울대 가정학과	상무	객실승무본부 사무장
삼성SDI	김규미	1958	충남대 화학과	상무보	전자사업부 개발팀장
삼성전자	이현정	1959	서울대 영문과	상무	글로벌마케팅실
삼성카드	김은미	1960	이화여대 법학과	상무	준법감시실장
삼성화재	박현정	1962	서울대 교육학과	상무	경영기획팀장
LG상사(패션)	김영순	1961	국민대 의상학과	상무	여성복기획 총괄
제일모직	이정민	1968	이스트튜트예우토페오 여성디자인과	상무보	여성복팀
	권은희	1959	경북대 전자공학과	상무보	R&D부문
KT	조화준	1957	서강대 신문방송학과	상무보	재무실 재무기획
	이영희	1957	한국항공대 통신공학과	상무	미디어본부장
	이후선	1954	성신여대 경영학과	상무대우	영업본부 기업영업3담당
LG화재	나현정	1961	이화여대 경영학과	이사	RFC본부장
LG전자	김진	1960	홍익대 산업디자인과	상무	정보통신디자인연구소
	유혜정	1965	연세대 전산공학과	상무	MC연구소
	조순숙	1965	경북대 전산공학과	상무	단말기연구소 개발실
SK	강선희	1965	서울대 법학과	상무	법률지원역
SK텔레콤	윤송이	1975	KAIST BCS	상무	CI본부장
하이닉스반도체	이순영	1956	이화여대 물리학과	상무보	연구소 분석개발팀

이영희 KT 미디어본부장 (상무)

1957년생
한국항공대 통신공학과 졸업
1981년 체신부 사무관
2000년 KT 인터넷설계팀장
2002년 KT 중국사무소장
2005년~현 KT 미디어본부장 (상무)

KT에는 2006년 9월 현재 모두 네 명의 여성 임원이 있다. 이영희 상무, 조화준 상무보, 권은희 상무보, 이후선 상무대우가 그들이다. 이 네 명 덕분에 KT는 여성 인력을 적극 육성하고 있는 대표적인 기업으로 꼽힌다.

넷 중에서도 가장 직급이 높은 인물이 바로 이영희 상무다. KT 최초의 여성 상무라는 바로 그 인물이다. 1981년에 입사해서 25년간 한 우물을 파왔다는 이 상무는 "단 한 번도 임원이 될 수 있으리란 생각을 해본 적이 없습니다. 오히려 언제 회사를 그만둬야 할 것인가 하는 고민과 싸웠던 날들이 더 많았죠. 그러나 그때마다 스스로를 다독이고 마음을 다잡으면서 자신의 일에 최선을 다하려고 노력했습니다. 그렇게 20년 넘게 살았더니 어느 날 임원이 돼 있었습니다."라고 지난날을 회상했다. 수많은 여성 직장인들이 지금도 하루가 멀다 하고 고민하며 힘겹게 걷고 있을, 바로 그 길 그대로의 모습이다.

'게임의 법칙'을 익혀라

이 상무는 원래 공무원이었다. 16회 기술고시에 합격해 체신부(현 정보통신부) 사무관이 된 것이 1981년의 일이다. 항공대 통신공학과를 졸업한 이 상무는 "당시 여성이 취직할 수 있는 길은 선생님과 공무원 정도였는데, 그중 전공을 살릴 수 있는 길이 공무원이어서 무작정 공무원이 되겠다고 덤빈 결과였다."고 사정을 설명했다. 1982년, 체신부에서 KT가 떨어져 나오면서 이 상무는 자연스레 KT에 합류하게 됐다. 그때까지 자신이 민간기업 직원이 되리라는 생각 또한 한순간도 해본 적이 없었다는 이 상무는 그렇게 비록 공기업이긴 했지만 공무원이 아닌 일반기업체 직원이 됐다.

KT 소속으로 이 상무가 처음 발령을 받은 직위는 영동전화국 기계과장이었다. 전화교환기의 유지, 보수, 운용, AS 등을 책임지는 현장업무였다. 당시 기계과에는 모두 63명의 직원이 있었다. "그중 제 나이가 아래에서 세 번째였습니다. 특히 바로 아래 과장 3명은 아버지뻘 되는 나이였구요. 여성 현장인력을 거의 찾아보기 어려운 시기에, 그것도 대학을 갓 졸업한 20대 초반 여성이 과장으로 왔으니 직원들 또한 당황한 것은 당연지사였겠지요. 당황스러움은 자연스레 비협조로 이어졌습니다. 돌이켜보면 그때가 제 직장인생에서 가장 마음고생이 심했던 시절이었네요."

매일같이 '이 일을 언제까지 계속할 수 있을까? 하루라도 빨리 직장을 그만두는 게 낫지 않을까?' 하고 고민해야 했다. 게다가 중간에 결혼을 한 후에는 사표를 쓸 생각이 더욱 간절해졌다. 간혹 잘해보려고 마음을 다잡고 여기저기 자신의 처신에 대해 문의를 해본 적도 있었다. 그러나 사람마다 제시하는 해결책이 달랐다. 여성의 부드러움을 살려 직원들을 잘 조화시켜보라는 주문이 있는가 하면, 스스로를 남성이라 생각하고 남성처럼 행동하라는 주장도 많았다. 결국 어떻게 행동하는 것이 옳을지에 대한 기준을 세우지도 못한 채 하루하루 직원들에게 자신을 맞춰가며 생활했고, 어려움을 토로할 대상조차 없었다.

그렇게 4개 전화국을 돌며 7년을 보냈다. 무려 7년 동안 마음고생을 계속하며 이 상무는 자연스레 '게임의 법칙'을 익혔다. '앞에서 이끌려 하지 말고, 주도하려 하지 말고, 나 자신을 버리고, 상대에게 맞추고, 직원들에게 맡기면 모든 게 물 흐르듯 스르르 진행된다.'는 것. 이런 과정을 거치면서 처음엔 어린 여성 밑에서 일하게 됐다며 기분 나빠하던 직원들이 과장이라며 챙겨줄 정도로 관계가 발전했다.

'앞에서 이끌려 하지 말고, 주도하려 하지 말고,
나 자신을 버리고, 상대에게 맞추고, 직원들에게 맡기면
모든 게 물 흐르듯 스르르 진행된다.'

기회와 운은 준비된 자에게 찾아온다

물론 그렇게 된 것이 단순히 게임의 법칙을 터득했기 때문만은
아니다. 과장으로서 직원들을 통솔할 수 있으려면 누구에게도 뒤
지지 않는 현장 전문가가 되어야 한다는 생각에 밤낮으로 공부를
게을리 하지 않은 덕도 있다. 현장의 시스템과 운영방식을 유심
히 관찰하고 틈 날 때마다 도서관을 찾아다니며 관련 서류와 책
을 읽어댔다. 이런 노력을 통해 누구 못지않은 현장 전문가로 거
듭나자 아무도 이 상무를 함부로 대하지 못했다. 현장업무와 관
련된 공부를 하는 틈틈이 영어 공부도 게을리 하지 않았다.

기회는 준비된 자에게만 온다고 했던가. 어느 날 벨기에 알카
텔(Alcatel)에 파견될 사원을 선발한다는 공고가 붙었다. 알카텔
에서 일하면서 벨기에 대학원에서 공부도 할 수 있는 조건이었
다. 공부에 대한 열망에 새로운 환경에 대한 갈망으로 이 상무도
지원을 했다. 그리고 뛰어난 영어실력과 전문지식을 갖춘 이 상
무에게 파견직이 돌아갔다.

두 아들을 부모님께 맡기고 남편과 함께 벨기에행 비행기를 탔
다는 이 상무는 "벨기에 근무가 인생역전의 호기가 됐다."고 말

했다. 벨기에에서 전산학 석사학위를 따낸 이 상무가 한국에 돌아와서는 이를 바탕으로 현장이 아니라 연구소에서 근무할 수 있게 됐기 때문이다.

90년대 초만 해도 연구직과 일반직은 철저하게 분리돼 있었다. 일반직이 연구직이 되거나, 연구직이 일반직이 되는 것은 꿈도 꾸기 어려웠던 시절이었다. 그러나 이 상무는 현장지식에 벨기에 석사 경력을 인정받아 연구직으로 업무를 바꾸는 데 성공했다.

처음엔 보직조차 없는 연구직으로 시작했지만, 이 상무는 특유의 노력으로 연구부장 자리에까지 올랐다. 연구부장 시절 이 상무는 TDX(음성뿐 아니라 문자, 도형 등의 정보를 디지털 신호로 만들어 전송할 수 있는 교환기) 프로젝트를 맡게 되었다. CDMA 이전의 최대 국책사업이었던 TDX사업은 외국에서 100% 수입해 오던 전화교환기를 국산화하는 것이 골자였다. 그 결과 삼성, LG, 대우, 한화 등에서 TDX를 생산해내기 시작했다. 그러나 TDX는 결함이 많았다. 교환기가 갑자기 죽어버려 서비스가 중단된다든가 하는 식의 일이 비일비재하게 발생했다. 이 상무에게 주어진 업무는 교환기에서 발생하는 각종 문제점을 해결해 서비스 중단이 일어나지 않도록 하는 것. 이 상무는 단순히 문제점을 해결하는 데서 그치지 않고 TDX 기능을 향상시키고 보완·개발하는 성과까지 이뤄냈다. 그 결과 '안정적인 통신서비스를 제공하게 한 주역'으로 인정받을 수 있었다.

여성임을 핸디캡으로 여기지 말고 도전하라

운 또한 노력하는 자에게만 따른다고 했다. 운이 따랐다. 마침 김영삼 정부 들어 '여성인력'이 국가적인 화두로 떠올랐다. 대표적인 공기업인 KT가 앞서서 여성인력 육성에 나설 수밖에 없는 상황이었다. 당시 KT의 유일한 여성 부장이었던 이 상무가 KT 내 여성 대표주자가 되었고, 이 상무에게 사내의 눈길이 일제히 쏠릴 수밖에 없었다.

이때 비로소 여성 선배로서 후배들을 잘 이끌어야겠다는 책임감을 느끼게 됐다는 이 상무는 관리자 여직원 모임도 만들고, 개인적으로 여직원들을 만나 그들의 애로사항을 들어주고 고충을 해결하기 위해 노력했다. 덕분에 '여직원들이 고민이 생기면 가장 먼저 찾아가는 선배'라는 이름을 얻게 되었다. 업무에 대한 전문성을 인정받은 데다 여직원의 대표주자까지 됐으니 회사에서는 이 상무를 더욱 눈여겨볼 수밖에 없었을 것이다.

2000년, 이 상무는 샐러리맨 생활 20년 만에 처음으로 본사에서 근무를 하게 되었다. 말하자면 연구직이 다시 일반직이 된 것이다. 이 역시 흔한 일은 아니었다. 그때 이 상무가 맡았던 일이 인터넷설계팀장이다. KT가 막 깔기 시작했던 초고속인터넷망을 관장하는 부서였다. 처음 시작하는 업무인 데다, 지금처럼 초고속인터넷사업이 급성장할 것을 예상하지 못했기 때문에 그 자리에 오려는 사람이 없었다. 이 상무가 별다른 어려움 없이 인터넷설계팀장을 맡을 수 있었던 배경이다. 어떻게 보면 이 또한 기막힌 운이었다 할 수 있다. 그리고 인터넷설계팀장으로서의 업무를 훌륭히 수행해낸 이 상무에게 돌아온 보답은 임원 승진이었다.

어떻게 훌륭하게 수행했나. 초고속 인터넷망을 까는 사업은 대규모 투자 사업인 만큼 이권이 많이 작용할 수밖에 없었다. 그러나 이 상무는 이권에 개입되지 않고 모든 일을 투명하게 처리해나갔다. 그 덕에 KT의 이미지가 투명해지는 데 기여했다는 평가를 받았다. 주말을 반납한 것은 물론, 매일 9시 전에 퇴근해본 적이 없을 정도로 강행군을 계속하면서 인터넷설계팀을 KT의 핵심부서 중 하나의 자리에 올려놓은 장본인도 이 상무다.

임원이 되고 나서 처음 맡은 보직은 중국사무소장. 이후 중국사무소가 법인으로 승격하면서 중국법인장까지 지내다 2005년 말에 미디어본부장이 되면서 귀국했다. 미디어본부는 TV와 인터넷의 결합이라는 IP-TV 업무를 추진하는 부서. KT의 주요 신성장동력 중 하나다. 인터넷설계팀장으로 일하면서 인터넷에 정통하게 됐다는 배경이 미디어본부장 발령의 근거가 됐다. 지금은 '어떻게 하면 IP-TV를 성공시킬 것인가?' 하는 생각 외에 다른 생각은 하지 못하고 있다.

이 상무는 "여자로서 임원이 되고자 한다면, 특히 더 눈으로 확실하게 보여줄 수 있는 무언가를 개발할 필요가 있다."고 조언한다. 아직 대학에 들어가지 않은 까마득한 후배들에게 "전공을 선택할 때 두루뭉술한 학과보다는 이공계나 경영학과 등 자신만의 전문분야를 가질 수 있는 과를 택하라."고 얘기하는 것도 같은 맥락이다. 또 "여성이기 때문에 눈에 띄기 힘든 것도 사실이지만, 반면에 여성이기 때문에 한번 눈에 띄면 훨씬 확연하게 눈에 띄는 장점도 있으므로, 여성이라는 사실을 핸디캡으로 여기지 말고 도전하라."는 주문도 덧붙였다. 수많은 여성 직장인들이 기억해야 할 조언이다.

"여자로서 임원이 되고자 한다면,
특히 더 눈으로 확실하게 보여줄 수 있는
무언가를 개발할 필요가 있다."

이영희 KT 상무의 성공 비결

1. '게임의 법칙'을 터득하라.

KT에서 일하기 시작한 후 이영희 KT 상무는 4개 전화국을 돌며 7년을 보냈다. 무려 7년 동안 현장에서 마음고생을 계속하며 이 상무는 자연스레 '게임의 법칙'을 익혔다. '앞에서 이끌려 하지 말고, 주도하려 하지 말고, 나 자신을 버리고, 상대에게 맞추고, 직원들에게 맡기면 모든 게 물 흐르듯 스르르 진행된다.'는 것. 이런 과정을 거치면서 처음엔 어린 여성 밑에서 일하게 됐다며 기분 나빠하던 직원들이 과장이라며 챙겨줄 정도로 발전했다. 물론 거기에는 누구에게도 뒤지지 않는 현장 전문가가 되어야 한다는 각오로 밤낮으로 공부를 게을리 하지 않은 이 상무의 노력이 한몫했음은 물론이다. 이런 노력을 통해 누구 못지않은 현장 전문가로 거듭나자 아무도 이 상무를 함부로 대하지 못했다.

2. 이권에 개입하지 말고 모든 일을 투명하게 처리하라.

이영희 상무가 임원으로 승진할 수 있었던 결정적 배경은 인터넷설계 팀장으로서 업무를 훌륭하게 수행한 것이 인정을 받은 일이다. 인터넷설계팀에서 추진했던 초고속인터넷망을 까는 사업은 대규모 투자 사업인 만큼 이권 또한 많이 작용할 수밖에 없었다. 그러나 이 상무는 이권에 개입되지 않고 모든 일을 투명하게 처리했다. 그 덕에 KT의 이미지가 투명해지는 데 기여했다는 평가를 받았다. 회사의 이미지를 높여준 인물에게 경영진이 호감을 느끼는 것은 당연한 일 아닌가?

이순영 하이닉스반도체 연구소 분석개발팀 상무보

1956년생
이화여대 물리학과 졸업
1985년 하이닉스반도체(구 현대전자)
　　　입사
2006년 하이닉스반도체 연구소 분석
　　　개발팀 상무보

이순영 하이닉스반도체 상무보는 남성들이 기피하는 소위 '광'이 나지 않는 분야에서 오랫동안 전문성을 쌓으면서 해당 분야의 중요성을 전 사내에 알리고, 급기야 임원의 자리에까지 오른, 많은 여성들에게 시사하는 바가 큰 인물이다.

이화여대에서 물리학 석사까지 받은 이 상무보는 3년 정도 시간강사 생활을 하다 1985년에 현대전자(현 하이닉스반도체)에 입사했다. 박사과정 진학과 취업을 놓고 고민하고 있을 때, 마침 현대전자에서 새로 들여온 장비를 운영할 사람을 찾지 못해 애를 먹고 있다며 SOS를 보내오자 취업으로 방향을 결정했다.

당시 이 상무보가 운영하게 된 장비는 국내에 최초로 도입된 것으로, 반도체가 설계대로 만들어졌는지를 검사하는 장비였다. 반도체는 설계대로 만들어지지 않으면 성능이 현저히 떨어진다. 어디가 잘못 만들어졌는지, 그래서 어디를 고쳐야 하는지를 찾아내어 해당 실무진에게 보여주는 것이 이 상무보의 역할이었다. 지금은 '분석검사팀'이라는 버젓한 이름이 있지만, 당시만 해도 그 업무는 있어도 그만, 없어도 그만인 것으로 인식되던 일에 불과했다. 이 업무에 신입사원인 이 상무보가 영입된 것은 사내에서 그 일을 하려는 직원이 아무도 없었기 때문이다.

"당시에 반도체회사는 물론이거니와 전자회사에서도, 특히 연구직에서는 여자를 찾아보기가 힘들었습니다. 그런 일이 여성과 맞지 않는다는 편견도 있었지만, 현실적으로 반도체회사는 여성이 근무하기에는 장벽이 적지 않아요. 예를 들면 클린룸 작업 같은 게 대표적이지요. 클린룸은 먼지 한 올 찾아보기 어려울 정도로 굉장히 깨끗한 공간이지만, 동시에 화공약품이 많아 언제 독가스가 생성될지 모르는 위험성을 안고 있는 장소예요. 물론 유독가스가 나온다 해도 일반인에게는 치명적일 정도는 되지 않습니다. 문제는 임산부인데요, 임산부에겐 극소량이라도 문제가 될 수 있기 때문에 임산부는 가급적 클린룸 출입이 제한됩니다. 이런 이유 때문에 반도체회사는 자체적으로 여성 인력을 그다지 반가워하지 않는 면이 있습니다."

그런데 대부분이 남성인 회사에서 아무도 그 일을 하겠다는 남성이 없었다. '결과물이 바로 눈에 보이는 일이 아니'라는 이유에서다. 결과물이 보이지 않으면 성과를 입증해낼 방법이 없다. 성과를 보여줘야 인정도 받고 승진도 할 수 있는 조직에서 그 일은 기피 1호 대상이 될 수밖에 없었다. "현대전자가 이 업무를 담당할 사람을 외부에서, 그것도 여자로 찾은 이유는 바로 이 때문이었다."는 것이 이순영 상무보의 설명이다.

'빛'나지 않는 곳에서의 노력으로 '빛'을 얻다

그렇게 현대전자 직원이 된 이 상무보는 정말 '빛'나지 않는 분야에서 성실하게 실력을 쌓아갔다. 분석검사는 평상시에는 당장 필요하게 느껴지지 않지만, 불량품이 발견됐을 때는 엄청난 역할을 하게 된다. 게다가 반도체가 발전에 발전을 거듭하면서 계속 크기가 작아지는 과정에서 분석검사는 더욱 중요한 의미를 획득하게 되었다. 머리카락 1,000분의 1 크기에 불과한 작은 세계 속에서 설계 구현이 제대로 됐는지, 안 됐는지를 올바로 판단하기 위해서는 분석기술 역시 그만큼 발전해야 한다. 이에 걸맞게 기술 개발을 계속하면서 이 상무보는 능력을 인정받게 된 것이다.

예를 들면 이렇다. 사람이 병이 났을 때 간단한 감기라면 청진기 정도로 진단이 가능하지만, 복잡한 암 등의 질병은 그렇지 않다. 엑스레이를 비롯해 CT, MRI 등 다양한 기계를 사용해 다각도로 살펴보는 것이 필수다. 이때 각각의 기계를 제대로 작동시키고 그 결과를 판독해낼 수 있는 능력이 절대적이다. 분석검사도 마찬가지다. 반도체 크기가 작아지면서 분석검사를 위한 장비가 계속 늘어났고, 늘어나는 장비를 제대로 운영하기 위한 노하우와 지식, 기술이 계속 증가했다. 20년이 지난 현재는 분석검사 장비만 30여 대, 이 업무를 수행하는 직원만도 120명에 달한다. 이런 과정을 무리 없이 소화해낸 것이 결국 이순영 상무보가 능력을 인정받아 반도체업계 최초의, 그리고 아직까지 유일한 여성 임원이 될 수 있었던 비결이다.

물론 오늘날에 이르기까지 평탄한 길만 계속됐던 것은 아니다. 반도체기술은 하루가 다르게 발전하는데, 장비수준은 그대로이던 시절이 있었다. 새로운 첨단장비에의 투자의 필요성을 틈 날 때마다 주장하고 요구했지만 쉽게 결실을 보지 못했던 적이 한두 번이 아니다. 늘 우선 투자 대상에서 밀렸기 때문이다. 외환위기가 발생하고 현대전자가 하이닉스반도체로 사명을 바꾸며 워크아웃에 들어가면서는 이 같은 분위기가 더욱 심화됐다. 당장 회사의 운명이 풍전등화와 같은 상황에서 반도체를 만드는 데 투자하기도 어려운 실정에, 검사장비에까지 신경을 쓸 여력이 없다는 이유에서였다.

그러나 이 상무보는 포기하지 않고 계속 경영진과 사내외 담당자들을 설득해나갔다.

"당장 어려운 눈앞의 현실만 보지 말고 내일을 보자고 했지요. 제대로 된 분석검사가 뒷받침돼야 제대로 된 제품을 만들 수 있고, 그게 또한 회생의 밑거름이 될 것이라는 게 제 주장의 요체였습니다. 사실 분석검사는 사내에서도 생소한 분야라서 이 분야에 밀접하게 연관된 인력 외에는 자세하게 업무내용을 이해하지 못하는 것이 보통입니다. 따라서 설득과정이 만만치 않았어요. 누구나 내용을 알고 필요성을 이해하고 있는 업무라면 적어도 공감을 이끌어낼 수는 있었겠지요. 그러나 공감조차 못하는 사람들을 상대로 끝없는 메아리처럼 이야기를 반복해야 하는 건 무척 어려운 일이었습니다."

"어려운 눈앞의 현실만 보지 말고 내일을 보자고 했지요. 제대로 된 분석검사가 뒷받침돼야 제대로 된 제품을 만들 수 있다는 게 제 주장의 요체였습니다."

이런 과정에서도 한편으로는 분석전문인력을 계속 육성해나갔다. 분석검사팀 내에서 자체적으로 스터디그룹을 만들어 '분석전문가 제도'를 만들었다. 오랜 연구와 회의를 거친 끝에, 어느 정도 수준이면 종합 분석 전문가가 될 수 있겠다, 모듈 분석 전문가가 될 수 있겠다, 등의 내용을 정해놓고 직원들이 자신을 채찍질해 분석 전문가가 될 수 있도록 뒷받침하는 조직이었다. 이런 과정을 거치면서 달랑 1명뿐이던 사내 분석 전문가는 현재 30명으로 늘어났다.

그러나 분석 전문가 제도를 정착시키기까지의 과정 또한 순탄치만은 않았다. 회사 사정이 어려우면 연구개발도 직접인력이 아닌 간접인력으로 돌리려는 게 인지상정이다. 또한 분석검사는 기술적인 반복이 필수적인 직종으로, 회사에서는 간접인력의 활용이 가능하다고 판단했다. 이 같은 의사 결정을 바꾸게 한 원동력이 된 것도 이 상무보였다. 분석검사인력의 전문성에 대해 역시 수십, 수백 차례 설명하고, 주장하고, 함께 팀을 이뤄 일하는 설계 전문가들과 반도체 쌓기 전문가들로부터 지원사격을 얻어내는 식으로 호응을 이끌어낸 덕분이다.

실제로 한 장비에 대해 제대로 지식을 쌓아 전문가 소리를 들으려면 적어도 2~3년은 같은 장비와 씨름해야 한다. 또 자신의 장비만 알면 한계가 있으므로 다른 직원들의 장비도 알아야 한다. 철저하게 자신의 장비만 알고 있으면, 한 직원이 갑자기 업무를 못하게 됐을 때 업무의 공백이 상상 외로 심각해진다. 그러나 자신의 장비 외에 다른 장비도 대충 알고 있으면 이 같은 고민이 사라진다. 당연히 분석검사팀에서 실력을 인정받을 정도가 되려면 오랜 기간 장비와 씨름하면서 수많은 노하우와 지식을 쌓아야 한다.

여성 엔지니어의 대표에서 여성 임원의 대표로

2000년대 들어서 이 상무보는 분석검사팀 내부뿐만 아니라 사내외적으로 여성 연구인력을 이끌어가는 역할도 해오고 있다. 이 상무보가 입사할 때 있었다는 10여 명의 여성 엔지니어들이 하나하나 직장을 그만두면서, 이 상무보는 늘 최고참 여성 직원이었다. 당연히 후배 여성 엔지니어들을 아우르는 중심역할을 할 수밖에 없었다. 이 상무보는 업무 후 시간을 투자해서 어떻게 하면 여성 엔지니어들을 격려하고 그들의 힘을 결집시킬 수 있는지를 연구하고 실행했다. 이 과정에서 마이너리티 프로그램(소수 인종이나 여성 등을 대상으로 하는 프로그램)이 잘돼 있다는 IBM, HP 등의 제도를 벤치마킹하는 등 단순히 말로만 격려하는 데서 그치는 것이 아니라 실질적인 제도 정립을 위한 노력도 병행했다.

분석검사팀을 훌륭하게 이끌어오고 여성 엔지니어 대표로서의 역할을 훌륭하게 수행해낸 이 상무보는 2006년 초 드디어 반도체업계 최초의 여성 임원이 됐다. 1985년 8월 강사 경력을 인정받아 대리로 입사한 후 20년 만의 일이다.

이 상무보는 IBM, HP의 마이너리티 프로그램을 벤치마킹하며
여성 엔지니어들의 힘을 결집할 수 있는
실질적 제도 정립을 위해 노력했다.

변변한 매니지먼트 교육 한 번 받아본 적 없다는 이 상무보. 변방의 외로웠던 직원에서 하이닉스의 중심인물로 당당히 서기까지 엔지니어로서, 전문가로서, 흔치 않은 여성 관리자로서 수많은 어려움에 봉착했지만, 그때마다 자신이 잘 모르는 건 있는 그대로 인정하고, 대신 다음부터는 정말 잘하겠다는 각오로 노력해 왔다는 게 이 상무보의 얘기다. 이 과정에서 성격도 많이 바뀌었다고 한다. 수많은 엔지니어들이 그렇듯, 이 상무보도 직설적인 어법을 즐기는 편이었다. 그러나 지금은 남을 이해하고 배려하는 어투가 몸에 뺐다. 'struggle', 소위 '투쟁'에서 승자가 되기 위해 이 상무보가 선택한 변화다. 그런 노력들이 결실을 맺어 기업의 꽃이라는 임원이 된 지금, 이순영 상무보는 이제 '여성 엔지니어로 살아남기'를 넘어서서 '여성 임원으로 살아남기'라는 제2의 과제에 도전하고 있다.

이순영 하이닉스반도체 상무보의 성공 비결

1. 눈앞의 결과물에만 집착하지 마라.

이순영 하이닉스반도체 상무보가 오래도록 해온 일은 소위 '광' 나지 않는 분석검사팀 업무였다. 당시 회사에서는 아무도 그 일을 하겠다는 남성이 없었다. '결과물이 바로 눈에 보이는 일이 아니'라는 이유에서다. 결과물이 보이지 않으면 성과를 입증해낼 방법이 없다. 성과를 보여 줘야 인정도 받고 승진도 할 수 있는 사회에서 분석검사는 기피 1호 대상이 될 수밖에 없는 일이었던 것이다. 그러나 이 상무보는 여기서 기회를 잡았다. '빛'나지 않는 분야에서 성실히 자신의 실력을 쌓아나간 것이다. 양지가 음지 되고, 음지가 양지 되는 게 세상 이치. 세월이 갈수록 분석검사팀은 가치를 인정받게 되었고, 결국 이 상무보는 임원 자리에까지 오르게 되었다.

2. 여성 선배로서 여성 후배를 이끄는 것도 중요하다.

2000년대 들어서 이순영 상무보는 분석검사팀 내부뿐만 아니라 사내외적으로 여성 연구인력을 이끌어가는 역할도 해오고 있다. 이 상무보가 입사할 때 있었다는 10여 명의 여성 엔지니어들이 하나하나 직장을 그만두면서 늘 이 상무보가 최고참 여성 직원이었다. 당연히 후배 여성 엔지니어들을 아우르는 중심역할을 할 수밖에 없었다. 이 상무보는 업무후 시간을 투자해서 어떻게 하면 여성 엔지니어들을 격려하고 그들의 힘을 결집시킬 수 있는지를 연구하고, 실행했다. 여성 엔지니어 대표로서의 업무를 훌륭하게 수행해낸 이 상무보는 2006년 초 드디어 반도체업계 최초의 여성 임원이 되었다.

조류 3 – 글로벌 감각과 전문성으로 무장한 30대 임원

샐러리맨이 임원을 달려면 보통 20년 정도가 걸린다. 따라서 20대 중후반에 기업에 입사하는 게 보통인 우리나라에서 기업의 중역이라면 40대 중후반이 일반적이다. 50대 초반에 임원이 되는 일도 드물지 않다. 상장사협의회의 조사에 따르면, 국내 임원의 연령대는 50대가 49.1%로 가장 많고, 40대 33.2%, 60대 12.5%, 30대 2.3% 등으로 나타났다. 임원들의 평균연령은 52.8세로 집계되었다.

그런 임원 타이틀을 30대에 단다면 평균보다 10년 이상은 앞선 셈이다. 과거에는 연공서열과 부서 내 위계질서 등을 이유로 '오너 일가'를 제외하면 30대 임원을 찾기가 쉽지 않았던 게 사실이다. 하지만 최근 대기업 인사를 보면 30대 임원들이 심심치 않게 등장한다.

경영수업을 받는 후계자가 아니라면 30대 임원들의 특징은 크게 두 가지다.

석박사 출신의 이공계 출신 엔지니어이거나, 외국계 컨설팅회사 출신이라는 것. 특히 대기업 연구원들의 경우, 실적이나 연구 성과에 따라 30대에 임원을 달거나 임원에 준하는 대우를 받는 경우가 드물지 않다. 또 다른 경우는 해외 대학이나 MBA를 거친 후 경영컨설팅회사에서 일한 경험이 있는 경우다. 대개 대기업의 경영컨설팅에 참여했거나, 다른 경로로 최고경영진에게 능력을 인정받아 스카우트되는 식이다. 20대에 SK텔레콤 임원이 돼 화제를 뿌린 윤송이 상무가 대표적이다. MIT를 졸업한 후, 맥킨지에서 근무하다 SK그룹으로 적을 옮겼다.

글로벌 감각과 전문성으로 무장한 30대 임원들은 기업 내에 새 바람을 불러일으키는 역할을 맡고 있다.

이진용 삼양사 경영기획실 상무

1969년생
미 MIT 졸업
1993년 한국 P&G
1996년 메릴린치 서울사무소
1998년 맥킨지 서울사무소

2000년 모니터컴퍼니 서울사무소
2002년 삼양사 입사
2002년 9월 삼양사 상무
2004년~현 삼양사 경영기획실
　　　전략팀장 (상무)

파격이다. 한일월드컵 열기가 한창이던 지난 2002년, 1969년
생 컨설턴트 출신 인사가 보수적인 기업문화로 알려진 삼양사에
임원으로 발탁되어 화제를 불러일으켰다. 삼양사 경영기획실 이
진용 상무 얘기다.

이 상무는 그룹 내에서도 손꼽히는 전략 전문가다. 현재 다양
하게 진행되고 있는 그룹의 사업다각화와 인수합병(M&A)을 진
두지휘하고 있다. 경영활동 전반에 걸쳐 있는 이 상무의 이력은
눈부시게 화려하다. 제조업체에서 증권사, 경영컨설팅업체까지

다양한 분야에서 경력을 쌓아왔다. 그중에서도 "전략 전문가로서의 능력을 인정받아, 30대에 임원으로 발탁됐다."는 게 회사 관계자의 설명이다.

그룹 내에서도 손꼽히는 전략 전문가

이 상무가 삼양사와 인연을 맺은 것은 컨설팅기업 맥킨지에 근무하던 시절, 삼양그룹의 기업 경영 전략을 자문하면서부터다.

"전략을 다루는 컨설팅회사에서 일하면서부터 기업 경영에 대해 더 많은 꿈을 갖게 됐습니다. 삼양사의 인간 중심 문화도 마음에 들었고, 창립 100주년을 눈앞에 두고 있는 기업에 기여하고 싶은 생각도 있었습니다."

이 상무는 그 후에도 공식·비공식적으로 삼양사의 경영자문을 하면서 회사와 유대를 맺어왔다. 사실, 여러 업종의 회사들과 컨설팅업체에서 일한 것도 기업 경영에 대한 다양한 경험을 쌓기 위해서였다.

"기업 현장에서 공부를 하는 게 더 좋겠다고 판단했습니다. 속된 말로 돈 벌면서 배우는 게 더 낫죠. P&G에서 엔지니어링업무를 하고, 메릴린치에서 투자은행업무를, 컨설팅사에서 경영자문을 한 것도 같은 맥락입니다."

경력을 쌓는 과정에서는 대학에서 공학을 전공한 것이 큰 도움이 됐다. 기업 경영을 꿈꾸는 대부분의 사람들이 MBA를 전공하는 것과 대치되는 부분이다. 이 상무는 MIT에서 재료공학과 기계공학을 복수 전공했다. 엔지니어링에 대한 기반은 확실히 갖춘 셈이다. 여기에 학부시절에 투자와 회계, 재무, 마케팅 등 경영학 과목들을 공부했다. 이 상무는 "당시는 힘들었지만, 사회에 나가 경력을 쌓는 데 큰 도움이 됐다."고 말한다.

그가 공학을 전공으로 선택하게 된 것은 어린 시절의 경험과 관련이 깊다. 어려서 아버지를 여의고 이 상무 가족이 택한 길은 볼리비아 이민. 진취적이던 어머니 이소영 여사가 낯선 외국 땅에서 택한 일은 사진현상업이었다. 당시만 해도 볼리비아에는 사진현상소가 드물었다. 어머니가 사업을 하는 모습을 어릴 적부터 지켜보던 이 상무는 자연스럽게 비즈니스에 관심을 갖게 됐다. 그리고 하나 더. 기술에 대한 관심이다. 사진현상을 늘 접하면서 물리나 화학, 기계적 특성에 끌렸고, 자연스럽게 엔지니어의 꿈을 갖게 되었다.

"어린 나이였지만 비즈니스와 엔지니어링에 동시에 관심을 갖게 되면서, 시장에서 효용가치가 있는 기술이 중요하다는 점을 깨달았습니다. 수익성 있는 기술의 필요성을 절감한 셈이죠."

이 상무는 고등학교 1학년 시절부터 미국 대학에 지원하기 시작했는데, 대상은 당연히 공대였다. 이런 과정을 통해 자연스럽게 글로벌시대에 필요한 외국어실력에서도 임원으로서의 자격을 갖췄다. 볼리비아에서 사용하는 스페인어는 물론이고 영어, 한국어 등 3개 국어에 능하다.

"기업 현장에서 공부를 하는 게 더 좋겠다고 판단했습니다.
P&G에서 엔지니어링업무를 하고, 메릴린치에서 투자은행업무를,
컨설팅사에서 경영자문을 한 것도 같은 맥락입니다."

'T자형' 경력 쌓기

남들이 부러워하는 학벌과 외국어실력, 경력을 갖춘 이 상무가
생각하는 임원의 자질은 무엇일까? 바로 전문성과 경영 전반에
대한 폭넓은 지식이다. 이 상무는 이를 'T자형 경력 쌓기'라고
말한다. T자에서 '一'는 경륜이나 다양한 분야에 대한 관심을 뜻
한다. 임원이라면 기업 경영의 전반에 대한 지식을 갖춰야 한다
는 것이다. 그리고 수직을 뜻하는 '丨'는 전문분야에 대한 깊이
를 말한다. 전문분야에서 깊이가 있어야 임원으로서의 자격이 있
다는 뜻이다. 임원 본인이 전문성을 갖춰야 후배들을 키울 수도
있고, 임원으로서 존중을 받을 수 있다는 지론이다.

"지식의 전문성은 기술이나 시장에 대한 이해를 통해 사업화할
수 있는 전략을 세울 수 있을 정도가 돼야 합니다. 배우는 것을
최대한 활용할 수 있어야 하고, 끊임없이 변화에 대해 업데이트
를 해나가야죠."

상대적으로 보수적인 것으로 알려진 삼양그룹에서 30대 임원
으로서의 생활은 어떨까? 이 상무는 더욱이 어려서부터 국외에
서 생활한 해외파다.

"만 33세에 임원이 됐지만, 다양한 분야의 경험을 쌓아왔기 때문에 큰 변화는 없었어요. 단지 '주제넘는다'는 말을 듣지 않기 위해 처신에는 주의를 기울여야죠. 물론 예전의 임원상과 요즘의 임원상은 차이가 많이 나서 젊은 임원들이 생활하는 데 큰 어려움은 없습니다. 삼양그룹의 기업문화가 상대에 대해 존중하고 배려하는 점이 큰 것도 30대에 임원이 된 저에게는 좋은 점이었습니다."

T자에서 '─'는 다양한 분야에 대한 관심을 뜻한다.
임원이라면 기업 경영 전반에 대한 지식을 갖춰야 한다는 것이다.
수직을 뜻하는 '│'는 전문분야에 대한 깊이를 말한다.

30대 임원 리더십의 핵심은 '전문성'

이 상무가 강조하는 '30대 임원의 리더십'은 무엇일까. 젊은 나이에 임원이 되기 위해서는 반드시 필요한 덕목이 있을 것이다. 이를 이 상무는 '전문성'이라고 잘라 말한다. 과거에는 강한 추진력과 군대식 리더십이 통했을지 몰라도, 지금은 전문성이 가장 중요하다는 것이다.

"리더로서 전문적인 분야에서 지식을 갖추고 있어야 하고, 자기 자신도 계속 성장해야 합니다. 특히 중요한 것은 후배들에게 다양한 업무를 맡기고 전문성을 고양할 기회를 줘야 한다는 점이에요. 지식을 교환하고 쌓도록 해주되, 그 과정에서 상처를 입지 않도록 해야 합니다."

그룹 80주년을 맞아 '2010 비전'을 세우는 작업에 참여한 이 상무는 실제적인 내용을 채워나가기에 바쁘다. 경영진부터 직원들까지 공유할 수 있는 틀이 마련됐으니, 지속적으로 같이 갈 수 있도록 노력하는 일이다.

30대의 촉망받는 임원으로서 이 상무가 꿈꾸는 일은 무엇일까.

"창립 80주년을 맞이하는 회사 비전 작업에 참여하는 만큼, 5년 후, 10년 후에 회사가 무엇을 할 것인가에 대해서도 같이 고민하고 싶어요. 창립 90주년, 100주년이 돼서도 회사가 잘 커갈 수 있도록 일조하고 싶습니다."

회사가 역사를 쌓아갈수록 성장과 변화에 대한 요구와 이를 적절히 제어하는 중용이 필요하다는 것이다. 이를 찾아갈 수 있느냐가 앞으로의 도전 과제라고 말한다.

대학에서 공학을 전공한 기업체 임원으로서 젊은이들에게 할 말도 많다.

"현대사회는 기술적으로 급변하고 있어요. 빠른 변화를 수용하기 위해서는 기술에 대한 이해가 필수입니다. 이공계에 학습 기반을 갖고 있어야 고부가가치 사업에 종사할 가능성이 높아져요. 무엇을 하든 간에 이공계 트랙(track)을 한 번은 거칠 필요가 있습니다.

이진용 삼양사 상무의 성공 비결

1. 현업에서 배우는 게 가장 빠르다.

"기업 현장에서 공부를 하는 게 더 좋겠다고 판단했습니다. 속된 말로 돈 벌면서 배우는 게 더 낫죠. P&G에서 엔지니어링업무를 하고, 메릴린 치에서 투자은행업무를, 컨설팅사에서 경영자문을 한 것도 같은 맥락입니다."

이진용 삼양사 상무의 실용주의 경력관리론이다. 이 상무는 MBA를 따거나 아카데믹한 지식에 치중하는 대신, 컨설팅업체, 다국적기업, 금융회사 등을 옮기며 기업 경영에 직접 쓰일 수 있는 실전경력을 쌓는 데 주력했다. 이는 이 상무가 이른 나이에 대기업 임원에 오르는 데 기초자산이 됐다. 대학에서 공학을 전공한 것도 같은 맥락이다. 일찍부터 '돈이 되는 기술', '시장에서 사용할 수 있는 기술'에 관심을 갖고 있었다. 공학을 전공하면서도 기업 경영에 관해 공부해둔 것이 경력 측면에서 큰 도움이 됐다고 말한다.

2. T자형 인재가 되기 위해 노력하라.

이진용 상무가 생각하는 임원의 기본 자질은 바로 '전문성'이다. 과거에는 강력한 추진력이나 넓은 인맥 등으로 부족한 전문성을 보충할 수 있었을지 몰라도, 지금은 아니라는 것. 임원이라면 기업 내의 팀이나 부서의 리더로서 본인의 발전은 물론 후배 직원들에게도 전문성을 고양할 수 있는 기회를 줄 수 있어야 한다는 주장이다. 이를 위해서는 본인부터 전문성을 확보하기 위에 적극적으로 노력해야 한다. 물론 다양한 분야에 대한 관심은 기본이다. 기업 경영 전반에 대한 지식을 갖춰야 한다. "지식의 전문성은 기술이나 시장에 대한 이해를 통해 사업화할 수 있는 전략을 세울 수 있을 정도가 돼야 합니다."

조류 4 – 학력보다 실력으로 승부하라

학 력은 필요 없다. 실력으로 승부한다.

'실력 사회'라고는 하지만, 여전히 우리 사회에서 학력은 보이지 않는 벽이다. 명문대 졸업장을 가진 사람과 그렇지 않은 사람 사이에는 말로 표현하기 어려운 차이가 존재한다. 더욱이 대학 문을 밟지 못한 사람들이 느끼는 박탈감은 더 크다.

지방대 출신의 삼성그룹 계열사 임원 K씨는 "피해의식을 갖지 않으려고 노력했지만, 그래도 명문대를 나온 동기들과 비교할 때 면 마음 한구석이 허전한 것은 어쩔 수 없었다."고 설명한다.

기업체 임원 승진과정에서 학력의 벽은 과연 존재하는 것일까? 대기업 인사 담당자들은 한결같이 '입사 후에는 동등한 자격으로 평가받기 시작하기 때문에 학력에 따른 차이는 없다.' 고 강조한다. 그러나 현실적으로 이런 말을 100% 곧이곧대로 받아들이기에는 무리가 있다. 그것은 공식적인 입장일 뿐, '비공식적인'

조직생활에서 보이지 않는 차이가 있기 때문이다. 실제 지방대 출신 임원 승진 비중이 최근 들어 부쩍 높아졌다고는 하지만, 여전히 30%대에 불과하다.

2006년 신규 임원 가운데 지방대 출신은 삼성그룹이 31%, LG그룹은 40%, 현대차그룹은 45%를 차지했다. 15대 그룹의 지방대 출신 신규 임원 비중은 33% 선인 것으로 조사됐다. 과거에 비해 높아진 것은 사실이지만, 전체 숫자 측면에서는 여전히 열세다. 그러나 과거처럼 H그룹은 고려대, S그룹은 서울대 같이 특정 대학에 편중되는 임원 인사는 줄어들고 있다는 것이 재계의 공통된 평가다. 특히 지방대 출신 임원 비중은 2000년 들어 계속 증가하는 추세다.

보이지 않는 학력의 벽을 뛰어넘는 임원들은 한결같이 '실력으로 승부했다.'고 말한다. 반대로 얘기하면 '학력 차이에 따른 불이익이 있었을지 몰라도 실력으로 이를 뛰어넘었다.'는 뜻이다. 그만큼 이들은 보이지 않는 장벽을 뛰어넘기 위해 훨씬 더 많은 노력을 했고, 훨씬 더 회사에 충성했다고 할 수 있다.

특히 대졸도 아닌 고졸 학력으로 현대차 서울 남부지역본부장에 오른 장천우 이사는 "다른 동기들보다 10배는 더 회사에 공헌할 수 있도록 생활했다."고 자신 있게 말한다. 이런 그의 노력은 영업실적으로 나타나, 그는 전국의 자동차 최대 경쟁시장인 서울 남부지역본부장에 오를 수 있었다.

비명문대 출신, 혹은 대학을 다니지 못했던 사람들에게 임원 승진은 더욱 의미가 큰 훈장일 수밖에 없다. 한발 늦은 위치에서 출발해야 했기 때문에 더욱 더 땀을 흘렸던 사람들, 이들에게 학력의 벽은 결코 넘을 수 없는 장벽은 아니었다.

뛰어난 실력과 끊임없는 노력으로 학력의 벽을 뛰어넘은 대표적 임원 두 사람을 만나보자.

장천우 현대자동차 서울 남부지역본부장 (이사)

1953년생	1990년 경남 통영지점장
부산공고 졸업	1994년 부산 대연지점장
1979년 현대자동차 경남 통영지점	2004년 경남 서부지역본부장
1987년 현대자동차 과장	2006년 서울 남부지역본부장 (이사)

"대통령도 연속으로 두 번이나 고졸 출신이 했는데, 대기업 임원이라고 왜 못하겠어요? 중요한 건 그 사람이 얼마나 배웠느냐가 아니라 얼마나 세상에 대한 통찰력을 갖고 있느냐예요. 저는 학교에서 배울 수 없는 지혜를 세상에 먼저 뛰어들어 밑바닥부터 고생하면서 배웠습니다."

장천우 현대자동차 서울 남부지역본부장은 자신감에 넘친다. 2006년 이사로 승진하며 임원 대열에 합류한 그가 맡고 있는 남부지역본부는 국내 자동차 판매시장의 최전방. 시장규모가 가장 클 뿐만 아니라, 강남 등 부촌이 많아 수입 자동차들과 일대 혈전을 벌이고 있는 곳이다. 구역 내에 외제차 판매장만 50여 곳이 넘는다. '강남에서 성공하면 전 세계 어느 시장에서도 통한다.'는 말이 허튼소리가 아니다.

그래서인지 현대차 역시 남부지역본부를 전략적 요충지로 여기고 지원을 아끼지 않는다. 현대차 소속 7,000여 명의 판매사원 가운데 10분의 1이 넘는 724명이 남부지역본부 소속이다. 이런 남부지역본부를 장 본부장이 맡고 있는 것만 보더라도 회사가 장 본부장에게 얼마나 큰 기대를 하고 있는지 알 수 있다.

행동하는 영업왕에서 임원으로

장 본부장의 회사 내 이력을 살펴보면 지금 그의 위치가 충분히 이해가 간다. 그는 사내 우수 영업점포 시상에서 최우수 지점 10회, 우수 지점 5회를 수상했다. 해외 포상여행만 10여 회를 다녀와 자신의 돈으로 해외여행을 가본 적이 없을 정도다. 현대차 판매사원의 필수 훈련코스인 사내 인터넷교육에서도 장 본부장은 유명인이다. 장 본부장이 출연한 '카 마스터 판매기법'은 최다 조회수를 자랑한다. 뿐만 아니라 장 본부장은 직원 대상 특강 단골 강사로도 유명하다. 판매왕 출신의 장 본부장이 직접 자신의 영업 노하우를 공개하는 만큼, 현장감 있는 강의가 후배 영업맨들에게는 필수 강의가 되었다.

1953년 경남 고성에서 태어난 장 본부장은 부산공고를 졸업했다. 당시 부산공고는 중학교에서 1~2등을 해야 들어갈 수 있는 명문 고등학교였다. 가정형편이 넉넉지 못했던 장 본부장이 대학 대신 택할 수 있던 '차선'이었던 셈. 그래서인지 장 본부장은 '대학 나온 동료들에게 결코 꿀릴 게 없다.'는 생각으로 회사생활에 임했다.

현대차와 인연을 맺은 건 군대를 마치고 직장을 부지런히 찾아 헤매던 1979년의 일이다. 당시 10.26 사태 등으로 정국이 혼미하던 시절, 우연한 기회에 현대차 영업사원 모집에 응했고, 결과적으로 '현대차 영업맨'은 그의 천직이 됐다. 장 본부장은 아직도 당시 영업사원 면접 때 했던 말을 습관처럼 되뇌고 있다.

"면접관이 꿈이 뭐냐고 묻기에, GM보다 큰 자동차 회사를 만들고 싶다고 했습니다. GM이 그때 가장 큰 자동차 회사였거든요. 면접관이 황당하다는 듯 웃더군요. 그렇지만 저는 지금도 다짐하곤 해요. 세계에서 가장 큰 자동차 회사의 영업왕이 되겠다고요."

목표가 명확한 사람과 그렇지 못한 사람은 처음부터 큰 차이가 나게 마련이다. 황당할 정도로 큰 목표였지만, 그는 영업사원 초년병 시절부터 다른 사람들과는 달랐다. 아무 연고도 없던 경남 통영에 발령을 받았을 때도 그는 평균 월 45대의 자동차를 팔았다. 당시 통영지역의 총 자동차 수요가 60대밖에 되지 않았으니,

4분의 3을 장 본부장 혼자서 판 셈이다. 적어도 통영에서는 조용
필보다 '장천우'라는 이름 세 글자가 더 유명했을 정도였다. 이
후에도 장 본부장의 판매신화는 계속됐다. 매월 현대차 사보에는
우수 판매사원의 이름이 실렸는데, 그의 이름이 빠진 적이 거의
없었다.

여기서 그의 영업 노하우 하나. 장 본부장은 '고민하지 말고 행
동하라.'고 강조한다. 이것저것 고민하다 세월을 다 보낼 게 아니
라 고객을 만나야 답을 얻을 수 있다는 얘기다.

"영업은 단순합니다. 물건을 파는 사람이 얼마나 많은 노력을
했느냐에 따라 결과가 달라지죠. 가능한 한 많은 사람을 만나 대
화를 하다 보면 답이 나오죠. 그러려면 어떤 고객을 만나더라도
대화가 이뤄질 수 있도록 세상에 대해 많이 알아야 하고, 고객의
말을 잘 들어줘야 합니다. 사람들과의 관계에서 인연을 소중히
여기고 의리를 중시하는 마음가짐은 기본이고요." 실제로 장 이
사는 인연과 의리를 최고의 가치로 여기며 살아왔다고 했다.

> "영업은 단순합니다. 많은 사람을 만나
> 대화를 하다 보면 답이 나오죠.
> 그러려면 세상에 대해 많이 알아야 합니다.
> 사람들과의 관계에서 인연을 소중히 여기고
> 의리를 중시하는 마음가짐은 기본이고요."

1987년, 장 본부장은 영업사원에서 영업조직을 총괄하는 영업 관리직으로 전환했다. 1990년에는 지점장으로 승진했고, 이후 장 본부장이 지점장을 맡은 곳들은 모두 판매실적에서 승승장구 했다. 그리고 그는 2005년에 결국 임원으로 승진했다.

'할 수 있다'는 자신감과 우직한 인재가 승리하리라는 믿음

국내 굴지의 대기업인 현대차에서 임원으로 승진하기란 쉬운 일이 아니다. 특히 1987년에 관리직으로 전환하면서부터는 자동 차만 잘 판다고 승진이 보장되는 것도 아니었다. 팀을 이끌게 되 면서 팀의 능력을 최대한 끌어내야 했다. 또한 명문대를 졸업한 회사 내 동료들과도 경쟁해야 했다.

장 본부장은 이때부터 '리더'의 역할에 대해 많은 고민을 시작 했다. 과연 어떻게 팀을 이끌어야 조직원들의 참여를 이끌어내고 최대의 성과를 만들어낼 수 있는가에 대한 연구였다.

장 본부장의 해답은 바로 '열정'과 '헌신'이었다. 조직원들과 고객에게 헌신하고, 헌신을 위한 열정을 보여줬을 때 비로소 직 원들의 자발적인 참여가 가능하다는 설명이다.

또 하나는 '나도 할 수 있다.'는 자신감을 심어주는 일이었다. 사실 장 본부장은 그 자신 스스로 영업사원들에게 '할 수 있다' 는 자신감을 심어주기에 충분한 존재였다. 고졸 출신 경상도 '촌 놈'도 영업왕을 하는데 나라고 못 할쏘냐, 하는 자신감이 그것이다. 장 본부장의 신조 역시 '할 수 있다'는 네 글자다.

"꿈을 명확하게 세우고, 꿈을 이룰 수 있다는 자신감만 있다면 나머지 문제들은 걱정할 필요가 없어요. 꿈이 있으면 행동이 바뀌기 시작하고, 행동이 바뀌면 성과는 저절로 달라집니다. 그러려면 우선 꿈을 이룰 수 있다는 자신감을 갖는 게 중요하죠."

장 본부장은 유명 대학을 졸업한 동료들과의 경쟁은 크게 개의치 않았다고 설명한다. 회사를 다니면서 언제라도 더 배울 기회가 있었지만, 장 본부장은 거절했다. 다른 사람들이 야간대학을 다니거나 대학원을 다니는 시간에 자신은 고객을 위해, 팀을 위해, 회사를 위해 할 일을 더 적극적으로 찾겠다는 다짐 때문이었다. 또한 학교에서 배우는 것 못지않게 고객과 회사에서 배울 수 있는 것들이 많을 거라고 판단했다.

회사는 결국 자신과 같은 인재를 인정해줄 거라는 믿음도 있었다. 결국 기업에서의 장기적인 승부에서는 자신과 같은 우직한 인재가 승리한다는 사실을 믿어 의심치 않았다.

"배경에 연연하지 마라"

장 본부장은 임원을 꿈꾸는 후배 샐러리맨들에게 꼭 한마디 해주고 싶은 말이 있다고 했다. '배경'에 너무 연연하지 말라는 것이다.

"배경이 회사에 들어올 때는 중요한 변수가 될 수도 있겠지만,

일단 회사에 들어와서는 배경이 아니라 실력이 가장 중요합니다. 실력은 학교에서 쌓아오는 게 아니라 사회를 살아가면서 키우는 거죠. 모두가 '그 사람은 참 능력 있어.'라고 인정할 수 있을 때까지 맡은 일에서 최고가 되려는 노력이 가장 중요합니다."

그가 사내외 특강 강사로 나설 때마다 예로 드는 사람이 있다. 바로 마쓰시다를 창업한 마쓰시다 고노스케다. 마쓰시다는 조실부모한 것, 허약했던 신체, 그리고 배우지 못한 것을 자신의 세 가지 행운이라고 했다. 다른 사람들이 봤을 때는 분명 불행이었지만, 자신은 그 불행을 역설적이게도 행운으로 바꿔놓았다. 특히 배우지 못했다는 사실을 자각하고 항상 공부하는 자세로 인생을 살았기 때문에 성공할 수 있었다는 말을 남겼다.

"징기스칸과 마쓰시다 고노스케, 정주영 회장의 공통점이 뭔 줄 아세요? 배운 게 아니라 행동으로, 실력으로 다른 사람들의 존경을 얻어냈다는 겁니다. 조직을 이끌어갈 수 있는 능력, 조직원들을 움직여 목표를 달성할 수 있게끔 만드는 능력이 진정한 실력이죠."

"징기스칸과 마쓰시다 고노스케,
정주영 회장의 공통점이 뭔 줄 아세요?
배운 게 아니라 행동으로, 실력으로
다른 사람들의 존경을 얻어냈다는 겁니다."

장천우 현대자동차 이사의 성공 비결

1. 열정과 헌신이 조직을 변화시킨다.

장천우 현대자동차 이사는 매우 열정적인 사람이다. 그리고 회사와 동료, 팀을 위해 자신의 삶을 일정 정도 포기할 정도로 헌신적이다. 이런 장 이사의 열정과 헌신은 그를 현대차의 영업왕으로 만들었고, 그가 이끄는 지점을 최우수 판매지점으로 만들었다. 장 이사는 "조직원들과 고객에게 헌신하고, 헌신을 위한 열정을 보여줬을 때 비로소 직원들의 자발적인 참여가 가능하다."고 설명한다.

자신이 지점장으로 가는 곳마다 최다 판매실적을 갱신할 수 있었던 것에 대해서도 그는 리더의 열정과 헌신에 조직원들이 함께 움직여줬기 때문이라고 설명한다.

2. '할 수 있다'는 자신감을 가져라.

장천우 이사는 명문대 출신의 동료들과의 경쟁에서도 항상 '자신 있다', '할 수 있다'는 자신감을 갖고 임했다. 이런 자신감이야말로 자칫 주눅들 수 있는 조건에서 최고의 성과를 이룰 수 있던 원동력이었다.

장 이사는 후배 직원들에게도 반드시 '할 수 있다는 자신감을 가지라'고 강조한다. 시골에서 자란 고졸 출신의 자신도 영업왕이 됐는데, 누군들 할 수 없겠느냐며 자신감을 심어주는 데 주력한다. 장 이사는 "꿈과 목표를 세우는 것도 중요하지만, 한번 정한 목표를 이룰 수 있는 자신감이 없다면 꿈과 목표는 절대 이뤄질 수 없다."고 강조했다.

정영도 프레지던트호텔 총주방장 (이사)

1952년생
1970년 프린스호텔
1977년 앰배서더호텔
1980년 프라자호텔
1985년 63빌딩 조리팀장
1999년 프레지던트호텔 조리부장
2001년~현 프레지던트호텔 총주방장 (이사)
2004년 대한민국 조리명장, 동탑산업훈장

정영도 프레지던트호텔 이사는 회사 설립 이래 세 가지 기록을 세웠다.

우선, 그는 외부에서 부장급으로 스카우트된 최초의 인물이다. 한양대학교 재단에서 운영하는 프레지던트호텔은 호텔업계에서 유난히 전통을 중시하는 호텔로 유명하다. 인사에서도 웬만해서는 파격이 없다. 1999년, 정 이사가 조리부장으로 입사했던 일은 그래서 프레지던트호텔은 물론 업계에서 '대단한' 뉴스가 됐다.

2001년, 주방 조리사 출신으로 임원이 된 것도 정 이사가 처음이다. 정 이사는 1999년 프레지던트호텔로 회사를 옮긴 후 2년 만에 공로를 인정받아 임원이 됐다. 프레지던트호텔 임원은 대표 이사를 포함해 모두 4명. 조리 부문에는 아예 임원 자리가 없었지만, 정 이사가 승진하면서 처음 생겼다. 그는 다양한 메뉴를 개발하고 음식을 고급화시켜 프레지던트호텔 식음료사업 매출을 획기적으로 늘린 공을 인정받았다.

마지막 기록은 2004년에 노동부 선정 '대한민국 요리명장'에 뽑히며 동탑산업훈장을 받은 일이다. 대한민국 요리명장은 현재 정 이사를 포함해 모두 5명에 불과하다. 다른 명인들이 학교로 돌아가 강의를 하고 있는 데 비해, 그는 유일하게 현업에 몸담고 있다.

이런 화려한 경력만 놓고 보면 누구나 정 이사를 해외유학이나 유명 조리학원을 거친 주방장이라고 생각하게 마련이다. 그러나 그의 학력은 해외유학은커녕, 정규대학과도 거리가 멀다. 최종 학력은 고등학교 졸업이 전부. 그는 주방 접시닦이부터 시작해서 없던 임원 자리까지 만들어 승진한 입지전적 인물이다.

실제로 하얀 주방장 유니폼을 입고 있는 정 이사의 모습에는 특급호텔 최고급 요리를 책임지는 사람이 가진 기품이 그대로 묻어난다. '명장(明匠)' 반열에 오를 수 있었던 건 그만큼 뼈를 깎는 노력이 있었기 때문이다.

'가난' 때문에 입문한 주방이 평생의 일터로

경북 포항이 고향인 정 이사의 집은 유난히 가난했다. 고등학교에 진학할 돈이 없어 중학교만 마칠 뻔했지만, 이모님의 도움으로 어렵사리 고등학교까지 졸업할 수 있었다. 그러나 대학 진학은 엄두도 내지 못했다. 줄곧 고등학교에서 상위권 성적을 유지했던 그에게는 엄청난 좌절이었다.

방황하다 집을 나선 후에도 정착할 곳이 없었음은 당연지사다. 그렇게 객지를 떠돌다 너무 배가 고파 우연히 찾아간 곳이 대전 유성의 한 관광호텔 주방. 그곳에서 주방과 첫 인연을 맺었다. 주방 청소, 설거지, 접시닦이 등 허드렛일을 해주는 대가로 배불리 밥을 먹을 수 있었다. 마땅히 다른 할 일을 찾을 수도 없어 정 이사는 호텔 주방에 머물게 됐다.

그곳에서 정 이사는 요리의 기본을 어깨너머로 배우기 시작했다. 그런데 신기했던 건, 한 번도 해보지 않았던 요리가 꽤나 재미있었다는 사실이다. 정 이사 자신도 깜짝 놀랐다.

"요리에 재미가 없었다면 군 제대 후 다른 직업을 가졌을 겁니다. 그런데 군대에 다녀온 후에도 다시 주방으로 복귀한 걸 보면, 요리 자체를 좋아했던 것 같아요."

식재료가 워낙 귀했던 때라 정 이사는 날달걀로 감자 깎는 연습을 하고 프라이팬에 소금을 얹어놓고 생선 굽는 연습을 했다. 이런 그의 성실성을 높이 평가한 호텔 주방장이 그를 서울로 이

끌었고, 이후 그는 1985년에 대한생명이 설립한 63빌딩 조리팀장이 되기까지 프린스, 앰배서더, 프라자 등 서울 시내 호텔을 거쳤다.

1985년은 정 이사의 일생에 커다란 변화를 가져왔다. 당시 63빌딩 조리팀은 400명이 넘었다. 전국의 내로라하는 주방장들이 63빌딩 조리팀에 합류하면서 정 이사는 비로소 최고의 주방장이 되겠다는 꿈을 갖기 시작했다. 또 어렴풋이 회사 '임원'이 되어 조리팀을 이끌어보겠다는 꿈도 갖게 되었다.

학업보다는 임원이 되겠다는 목표에 매진

나름의 목표를 마음에 새긴 정 이사는 다른 조리사들과는 다를 수밖에 없었다. 매일 6시면 출근했고 9시가 되어야 퇴근했다. 비번인 날도 회사에 나와서 요리 연습을 했다. 이렇게 비번인 날도 나와서 근무하는 정 이사를 두고 회사 내에 '괴소문'이 돌기도 했고, 동료들의 시기를 받기도 했다.

"결혼 후 30년 동안 집사람과 외식 한 번 해본 적이 없습니다. 쉬는 날에도 6시에 출근해 9시에 퇴근했으니 저녁을 같이 먹을 날이 없었던 거죠. 63빌딩에서 15년을 근무했는데, 나중에 계산해보니 회사에 나가지 않았던 날이 50일 정도밖에는 되지 않더군요."

영어 공부를 새로 시작한 것은 물론 프랑스어도 공부하기 시작했다. 음식을 제대로 만들기 위해서는 언어와 문화까지도 이해해야 한다고 믿었기 때문이다. 워낙 새로 접하는 음식들이 많아 독학을 할 수밖에 없었는데, 교재가 모두 원서로 돼 있어 영어, 프랑스어 공부가 필수적이었다. 실제 그는 외국어 점수가 높으면 받게 되는 인센티브를 한 번도 놓쳐본 적이 없다. 정 이사의 영어와 프랑스어 실력은 지금도 수준급이다.

63빌딩에서의 직장생활이 어느 정도 안정단계에 들어서면서 회사생활과 학업을 병행하는 게 좋지 않겠느냐는 주위의 충고도 있었다. 아무래도 고졸 학력이 향후 행보에 걸림돌이 될 수도 있으니 학교를 다니는 게 어떻겠느냐는 얘기였다.

그러나 정 이사는 일언지하에 거절했다. 학업은 회사를 그만두고도 언제든 할 수 있지만, 회사일을 열심히 해서 인정받아 임원이 되는 것은 지금밖에 기회가 없다고 생각했기 때문이다. 지금도 그는 "결국 인생은 선택인데, 일단 회사에서 승부를 보기로 한 이상 회사에서 인정받을 수 있는 일을 찾아 그 일에 매진해 실력을 키우는 게 훨씬 좋은 전략 아니겠느냐."고 반문한다.

> "학업은 회사를 그만두고도 언제든 할 수 있지만,
> 회사일을 열심히 해서 인정받아 임원이 되는 것은
> 지금밖에 기회가 없다고 생각했습니다."

1999년, 정 이사는 다시 한 번 선택의 기로에 놓인다. 프레지던트호텔 조리부장 스카우트 제의를 받게 된 것. 그는 심사숙고 끝에 제안을 받아들였고, 그해 12월 1일 부로 출근을 약속했다. 그런데 정 이사의 스카우트 소식을 접한 63빌딩에서 그를 잡기 위해 파격적인 제안을 해왔다. 2000년 1월에 임원으로 승진시켜주겠다는 약속이었다. 자신이 15년 전부터 꿈꿨던 '임원' 자리가 눈앞에 다가온 순간이었다.

그러나 그는 프레지던트호텔을 택했다. '약속'이 우선이라고 판단했기 때문이다. 일단 프레지던트호텔로 출근하기로 약속한 이상 어쩔 수 없는 선택이라고 생각했다. 결국 정 이사는 임원 승진이 약속된 63빌딩을 나와 프레지던트호텔로 자리를 옮겼고, 임원 승진 역시 2년 늦춰질 수밖에 없었다.

"성실과 노력은 태산도 옮길 수 있다"

온갖 어려움을 극복하고 어렵게 임원 자리에 오른 만큼 정 이사는 후배들에게 해줄 말이 많다. 그는 "배운 게 부족해서, 배경이 없어서, 시간이 없어서, 인정을 안 해줘서… 이런 핑계를 만들어서는 안 됩니다."라고 강조한다.

"성공하는 사람과 실패한 사람은 사실 백지 한 장 차이입니다. 얼마나 자신의 실력을 개발하기 위해 노력을 했느냐에 달렸죠. 배운 게 없다, 배경이 없다, 이런 핑계를 만들 게 아니라, 그런 약점을 극복하고도 남을 정도로 실력을 키우면 되는 것 아니겠어요. 결국 이력서가 그 사람을 말해주는 게 아니라, 실력이 그 사람을 말해주는 겁니다. 실력을 키우기 위해서는 물론 피나는 노력이 우선돼야겠죠."

그래서 정 이사는 "성실과 노력은 태산도 옮길 수 있다."고 말한다. 실제 정 이사의 평균 수면시간은 3시간에 불과하다. 임원이 된 2001년 이후에도 그의 출근시간 6시와 퇴근시간 9시는 변하지 않았다.

"임원이 되고 싶다면 실력을 키우세요. 실력은 어느 조직에서라도 여러분을 성공으로 이끄는 원동력입니다. 단, 실력은 성실과 노력 없이는 안 된다는 사실을 반드시 기억해야겠죠."

"배운 게 없다, 배경이 없다, 이런 핑계를 댈 게 아니라,
그런 약점을 극복하고도 남을 정도로
실력을 키우면 됩니다."

정영도 프레지던트호텔 이사의 성공 비결

1. '꿈'을 갖고 살아라.

정영도 프레지던트호텔 이사는 1985년, 심경에 큰 변화를 경험한다. 총주방장이 되어 큰 조직을 이끌고, 임원도 한번 해봤으면 좋겠다는 꿈을 갖게 된 것이다. 이후 정 이사의 마음가짐과 회사생활에 대한 태도는 몰라보게 달라졌다. 구체적인 목표가 생기면서, 그 목표를 달성하기 위한 구체적인 실천들이 뒤따랐다. 매일 6시면 출근했고, 저녁 9시가 돼서야 퇴근했다. 비번인 날도 출근하여 요리 연습에 몰두하기도 했다.

정 이사는 목표 설정을 무척 중시한다. 고졸 학력으로 프레지던트호텔 최초의 주방 출신 임원이 되고 '대한민국 요리명장'으로 뽑힐 수 있었던 것도 이렇게 꿈을 이루기 위한 노력들이 있었기 때문에 가능했다.

2. '프로'가 되어라.

5명뿐인 '대한민국 요리명장'으로 선정됐다는 사실은, 정영도 이사가 조리 분야에서 어느 정도의 단계에 올라와 있는지를 단적으로 보여주는 대목이다. 그는 말 그대로 프로다. 해당 분야에서 프로가 됐기 때문에 고졸 학력의 단점을 딛고 임원이 될 수 있었다.

물론 프로가 되기 위해서는 피나는 노력이 필수적이다. 그래서 정 이사는 "성실과 노력은 태산도 옮길 수 있다."고 후배들에게 강조한다. 이력서가 아니라 그 사람의 실력이 모든 것을 말해준다는 믿음, 그 믿음을 바탕으로 진정한 프로가 되기 위해 노력했던 것이 정 이사에게는 성공의 보증수표가 됐다.

Chapter 6

그 회사는
이런 임원을 원한다

기업별로 선호하는 임원상

1. 삼성그룹

임원은 키워지는 것일까, 타고나는 것일까?

스카우트 시장에서 삼성 출신들은 최고 인기다. 삼성맨들은 처음부터 자질이 뛰어난 사람들을 중심으로 선발된 데다, 삼성의 뛰어난 인재관리시스템을 통해 훈련을 받아 유능한 인재로 양성됐기 때문이다.

'천재 1명이 1만 명을 먹여 살린다'

삼성그룹의 인재 찾기는 예전부터 유명했다. 창업주 고 이병철 회장은 신입사원을 뽑을 때 직접 면접에 참여하고 관상까지 볼 정도였다. 이런 가풍은 이건희 회장에게도 그대로 이어졌다. 이건희 회장은 최고의 인재를 유치하기 위해 직접 나서는 것은 물론, 시간과 돈을 투자하는 것을 아끼지 않는다. 이 회장의 '천재 1명이 1만 명을 먹여 살린다.' 는 독특한 천재경영론도 이와 무관하지 않다. 이건희 회장은 "내가 욕심이 있다면 사람 욕심이 제일 많다."고 평소 말한다. 후계자인 이재용 씨의 집무실에도 '삼고초려(三顧草廬)'라는 문구가 걸려 있다.

이 회장은 계열사 사장단 회의가 있을 때마다 핵심인재를 몇 명이나 확보했는지, 어떻게 관리하고 있는지를 직접 점검한다. 이런 방침에 부응하기 위해 계열사 사장들은 해외에 나갈 때마다 핵심인재들을 만나기 위한 시간을 따로 비워놓을 정도다.

전문성, 글로벌 역량, 도덕적 리더십, 창의성

삼성그룹의 핵심인재 요건은 '전문성'과 '도덕적 리더십', '창조성' 등으로 요약된다.

삼성그룹의 전문성은 T자형이다. 한 가지 분야에서만 전문성을 갖는 것이 아니라 다른 분야까지 잘 알고 있어야 한다는 것이다. 이공계 출신이라도 인문사회 분야도 알아야 하고, 경영학을 전공하더라도 기술에 대한 이해를 갖고 있어야 한다는 것이다. 이건희 회장이 임원급 이상 경영자는 종합예술인이라고 언급한 것과 같은 맥락이다.

전문성에 최근 더해진 것이 바로 글로벌 역량이다. 좋은 인재가 있다면 국적 불문하고 고위측이 직접 나서서 영입한다. 이러한 글로벌 인재 확보는 국제적인 업무능력과 전문성을 높여 글로벌 경쟁에서 승리하기 위함이다.

기존 인력에 대한 글로벌 역량 강화도 인력 양성의 핵심사항 중 하나다. 삼성은 외국어능력, 이문화 적응능력 등 국내 임직원들의 국제화 소양을 대폭 강화하고 있다. 이를 위해 지역전문가 제도, 해외 MBA, 각종 직능연수 등을 통해 매년 1,000명 이상을 해외로 내보낸다.

또한 리더십은 삼성그룹이 원하는 인재의 기본 요소다. 이건희 회장은 특히 '인간미'를 지닌 도덕적 리더십을 강조한다. 기업의 핵심가치를 이해하고 성장에 기여할 수 있어야 하지만, 어디까지나 그 수단은 도덕적이어야 한다는 것이다. 긍정적이고 낙관적인 마음가짐도 삼성이 바라는 인재의 덕목이다. 경영자의 인간미는 기업문화와 직결된다고 믿기 때문이다. 동시에 말보다 행동이 먼저여야 한다.

그런가 하면 최근 가장 강조되는 자질은 창의성이다. 이건희 회장이 부쩍 창조경영을 강조하면서부터다. 그동안은 선진국이 만든 것들을 베껴왔다면, 지금부터는 누구도 생각하지 못하는 제품을 만들 수 있는 인재가 필요하다는 것이다.

삼성의 핵심인재 관리

이러한 자질을 갖춘 삼성의 핵심인재에 대한 대우는 초일류급이다. 그룹 내 핵심인재를 'S(Super)급'과 'A(Ace)급', 'H(High Potential)급'으로 나눠 각종 특전이 주어진다. S급 인재 중 일부는 CEO급 대우를 받는 것으로 알려졌다.

핵심인재 관리는 그룹 차원의 체계적인 인재 교육과 함께 진행된다. 삼성의 인재 양성 체계는 크게 3가지다. 신입사원 입문 교육과 과장·차장·부장·신임 임원에 대한 교육인 SVP(Samsung Shared Value Program), 임원과 고위경영자 양성 프로그램인 SLP(Samsung Business Leader Program), 글로벌 인재 양성 프로그램인 SGP(Samsung Global Expert Program)이 그것이다.

인재 양성과 훈련 과정에서 치열한 내부 경쟁을 겪지만, 1등에 대한 보상만큼은 최고다. 경쟁을 통해 '남보다 잘해야 한다.'는 생각을 끊임없이 갖게 하는 조직문화를 만든다. 임원 승진은 '하늘의 별따기'처럼 경쟁이 치열하지만, 일단 임원이 되면 확실한 대우를 해준다.

2. 현대차그룹

도전정신으로 무장한 진취적 리더

현대의 기업문화는 매우 진취적이다. 고 정주영 현대그룹 회장이 생전에 임직원들에게 가장 많이 했던 말이 "해봤어?"였다는데서 알 수 있는 것처럼, 현대그룹은 특히 임직원들의 도전정신과 패기를 강조한다. '관리의 삼성, 패기의 현대'라는 말이 괜히 나온 말이 아니다.

그래서인지 현대자동차그룹 임원들은 한 가지 공통점을 갖고있다. 모두 적극적이고 화통하다는 점이다. 또한 어디를 가도 좌중을 압도할 수 있을 만큼 적극적인 성격이다. 고 정 회장이 만들어놓은 기업문화가 현대차그룹, 현대그룹, 현대중공업 등으로 나뉘면서도 고스란히 남아 있는 셈이다. 또 '안 되면 되게 한다.' 는 산업화시대의 개발지향적 사고가 여전히 중요한 가치로 남아 있다. 삼성그룹 임원 출신으로 정치권에 나와 성공하는 사람은 없어도 현대그룹 출신 정치인은 성공가도를 달리는 이유를 이런 점에서도 찾을 수 있다.

현대차그룹을 물려받은 정몽구 회장의 경영스타일 역시 고 정 회장과 크게 다르지 않다. 정몽구 회장 역시 저돌적이고 추진력이 강하다. 한번 계획한 일은 이뤄질 때까지 놓치는 법이 없다. 추진과정에서 어려움이 있더라도 좀체 물러서지 않는다.

이런 정 회장의 경영스타일은 그룹 인재를 발굴하는 데에도 많은 영향을 미치고 있다. 도전적이고 진취적인 인물 가운데에서 조직의 일원으로 함께 성장할 수 있는 사람을 원한다. 실제로 정 회장은 조직이 가고자 하는 방향을 정하고, 그 방향으로 나가는데 방해가 되는 사람이라면 아무리 능력이 뛰어나도 받아들이지 않는 것으로 알려져 있다. 조직과 융합할 수 없다면 임원들에게 가장 필요한 '리더십'을 기대하기 힘들다고 보기 때문이다.

현대그룹이 원하는 임원상이 어떤 것인지는 정 회장이 해마다 신입사원들을 대상으로 실시하는 특강에서 힌트를 얻을 수 있다. 정 회장은 매년 신입사원 수련회장을 찾아 특강을 하는데, "전문 능력 배양과 상호 협조, 도전과 개척의 벤처정신, 자부심과 사명감, 차세대 자동차산업의 주역 역할 등이 현대차그룹 임직원의 마음가짐"이라고 강조해왔다.

정 회장의 경영스타일이 반영된 결과겠지만, 현대차는 수시 발탁형 '깜짝 인사'를 자주하는 편이다. 일단 능력과 기업에 대한 충성심이 검증되면 눈치 볼 것 없이 파격 인사를 단행하곤 한다. 신상필벌이 확실한 편. 그러나 이 때문에 '가신그룹'이 생기고 이들 간에 보이지 않는 경쟁 등 부작용이 발생하곤 하는 것 역시 부인할 수 없는 사실이다.

'글로벌 인재' 양성

한편 최근 들어 현대차는 글로벌 전문가를 양성하는 데 중점을 두고 있다. 세계 자동차시장이 점차 대형사 간 경쟁체제로 굳어지고 시장이 통합되면서, 글로벌 감각을 갖춘 임원에 대한 필요성이 높아졌기 때문이다. 2002년부터 연간 180명씩 5년간 900명의 인재를 육성하는 '현대차그룹 MBA과정'을 운영하고 있는 것도 같은 맥락이다.

또 미래의 전략사업을 이끌 핵심인력 확보를 위해 해외 인재를 적극적으로 유치하고 있기도 하다. 이를 위해 해외 유명 대학 석·박사 출신 선발을 대폭 강화하는 추세다. 현대차 관계자는 "최근 미국공장 설립과 함께 글로벌 생산체제가 구축된 만큼, 그리고 세계 시장에서 성공하기 위해서는 그에 걸맞은 국제 감각을 가진 사람이 리더가 돼야 한다는 분위기가 높아졌다."고 전했다. 임원 역시 마찬가지. 글로벌 감각을 지닌 임원들을 선호할 수밖에 없다.

동시에 이공계 출신 엔지니어 임원에 대한 중요성도 더욱 높아지고 있다. 과거 재무·영업통 위주의 임원 선발에서 연구인력 출신의 '전문가형' 임원이 크게 증가하고 있다. 선진 자동차기업들과의 기술 격차를 줄여가기 위해서는 우수한 R&D인력을 유치하고 이들을 중용하는 길밖에는 없다고 판단하고 있다는 분석이다.

3. LG그룹

긍정적이고 적극적인 사고를 지닌 '올바른' 인재

　LG그룹의 기업문화는 그동안 '인화'와 '단결'로 대변돼왔다. 지금은 계열 분리가 모두 마무리됐지만, 오래도록 구씨 가문과 허씨 가문의 동업을 발판으로 성장한 기업인만큼, 그룹경영에 있어 인화와 단결은 필수적이었다.

　이런 LG그룹의 기업문화와 인재상은 라이벌 관계에 있던 삼성그룹과 비교해볼 때 큰 차이를 보였다. 왠지 차갑고 지적인 삼성그룹의 이미지와 달리 LG그룹은 따뜻하고 인간적인 이미지를 풍겼다. 반대로 얘기하면 어쩐지 '능력'이 조금 떨어진다는 이미지를 남긴 셈이라고도 할 수 있다.

　LG그룹은 인화와 연공서열을 중시해온 만큼 파격 인사나 인재 영입에 있어 경쟁사들에 비해 소극적인 편이었다. 삼성그룹이나 현대그룹에는 스타급의 튀는 CEO가 많지만 LG에는 유독 스타급 CEO가 적은 것도 바로 이 때문이다. 실제로 LG그룹 각 계열사 임원들은 거래업체 사람들이나 기자들로부터 '능력이 뛰어나다'기보다는 '사람 좋다'는 평가를 받는 경우가 많다. LG그룹이 전통적으로 능력보다는 태도와 품성을 중시해왔다는 게 이를 설명해줄 수 있는 요인이 될 것이다. LG그룹에 외부 임원 영입이 아예 없는 건 아니지만, 내부 인재 가운데 승진하는 경우가 다른 그룹에 비해 많은 편인 것도 같은 차원이다.

그래서 LG그룹은 신입사원을 선발하는 과정에서도 'Best People(최고 능력의 인재)'이 아닌 'Right People(올바른 인재)'을 뽑기 위해 노력한다. 긍정적이고 적극적인 사고를 가진 사람이 오랜 조직생활을 거치며 최고 인재로 거듭날 수 있다고 판단하기 때문이다. LG그룹 관계자는 이에 대해 "지금까지 LG만의 방식으로 인재를 선발해왔고, 그들을 양성해 현재의 LG를 만들어냈다."고 설명했다.

'1등 LG'를 위한 창의성과 도전정신을 지닌 인재

그러나 최근 들어 조금씩 변화의 바람이 불고 있다. 구본무 LG그룹 회장이 '1등 LG'를 강조하고 나서면서 LG그룹 임직원들에게 강한 승부근성과 강한 의지를 강조하고 나섰기 때문이다. 2등 이미지로 굳어진 LG의 기업문화로는 글로벌 경쟁에서 도태될 수도 있다는 위기감에서 나온 변화다.

승부근성과 강한 의지를 강조하기 시작하면서 구 회장은 '창의성'과 '도전정신'을 선두에 놓기 시작했다. 구 회장이 최근 들어 부쩍 "글로벌 경쟁에서 살아남기 위해 창의적인 사고로 새로운 기회를 만들고 강인한 도전정신으로 시장을 개척하라."고 요구하는 것은 이런 변화의 연장선상에서 봐야 한다. 한마디로 지금까지는 조금 안일한 측면이 있었으니 더 적극적으로 시장 개척에 나서라는 얘기다.

엔지니어 출신 임원진을 대폭 강화하고 있는 것도 이런 이유에서다. 글로벌 1등 LG를 만들기 위해서는 R&D능력 확충이 전제조건이다. 이를 위해 LG그룹은 그룹 차원에서 R&D인력 확보에 총력을 기울이고 있을 뿐 아니라 엔지니어에 대한 처우도 대폭 개선하고 있다.

LG의 인재 양성 프로그램

LG그룹은 90년대 중반부터 자체적으로 'HPI(High Potential Individual)'라는 인재 양성 프로그램을 운영해오고 있다. 특히 LG전자는 2001년부터 GE의 핵심인재 양성 프로그램을 벤치마킹한 '핵심인재 양성 프로그램'을 실시 중이다. 이를 통해 임원 후보들의 업무처리능력과 어학, 리더십을 집중적으로 육성했다. HPI 대상자들에게는 MBA나 사내교육의 우선권도 주어진다.

그럼 누가 HPI에 참여할 수 있는가? 리더십이 부족하다고 판단되는 직원은 무조건 선발에서 제외된다. 그리고 결국 이 과정을 거친 사람들이 미래의 임원, 미래의 CEO 후보가 되는 셈이므로, 업무능력과 어학능력이 HPI 과정에 들어가기 위한 기본 평가요소다. 특히 최근 들어서는 MBA나 해외 근무 경험 등에 높은 점수를 주고 있다. 김쌍수 LG전자 부회장은 창원 공장장 시절부터 "MBA를 하지 않으면 임원은 꿈도 꾸지 마라."고 말하곤 했다. 콕 찍어 MBA라고 말하기는 했지만, '국제적인 감각과 경영에 대한 안목'을 키우지 않는 사람들은 임원이 될 수 없다는 점을 강조한 것으로 풀이된다.

4. SK그룹

'사람이 곧 기업(人乃社)'

고 최종현 SK그룹 회장은 "나는 업무의 80% 이상을 인재를 육성하는 데 보냈다."면서 "결국 기업 경영은 사람에 의해 이뤄지기 때문이다."라고 밝힌 바 있다. SK그룹의 인재경영관인 '사람이 곧 기업(人乃社)'론이다.

SK의 경영철학인 'SKMS(SK Management System)'에서는 기업 경영의 주체는 사람이며, 구성원들이 자신의 능력을 최대한 발휘하여 자발적, 의욕적으로 세계 최고 수준을 추구하도록 해야 한다는 '인간 위주의 경영' 원칙을 분명히 하고 있다.

최태원 SK(주) 회장의 'SK 신입사원과의 대화'를 보면 그룹의 '인내사' 인재관은 더 명확해진다. "여러분에게 당부하고 싶은 말은 첫째, 회사를 삶의 터전이자 꿈을 이루는 곳이라 생각하고 애정을 갖기 바라며, 둘째, 젊은 창의성으로 지속적인 변화를 추구해야 한다는 것입니다. 마지막으로 패기를 갖고 'SK맨십'을 지속적으로 개발해주셨으면 합니다."

패기와 기업가정신을 갖춘 인재

최태원 회장의 인재관을 관통하고 있는 것은 바로 '패기'다. 아무리 자질이 우수해도 스스로 노력하고 문제를 해결하는 능력을 키우지 않으면 소용이 없다는 것이다. 자신은 창의적인 사고로 지속적인 변화를 추구하는 패기 있는 사람을 가장 좋아한다고 틈 날 때마다 말한다. 여기서 '패기'란 '일과 싸워서 이기는 것'으로, 적극적인 사고와 빈틈없는 일처리를 의미한다. 전문성과 문제의식 등 개인적인 자질이 뛰어나더라도 '스스로 문제를 발굴하고 해결하는 힘'이 없으면 불완전한 인재라는 생각이다. 또한 치밀한 사고와 판단력을 갖추되 위험을 회피하고 과거를 답습하기보다는 과감히 도전하는 기업가정신을 갖춘 인재를 중시한다. 고 최종현 회장이 1988년 국내 대기업 중 처음으로 신입사원들을 9박 10일 일정으로 일본에 보내 견문을 넓히도록 한 일도 같은 맥락에서 이해할 수 있는 일이다.

결국 최 회장이 생각하는 인재는 '창의적인 사고로, 지속적인 변화를 추구하며, 패기 있는 SK인' 정도로 정리해볼 수 있다.

SK의 인재 양성 프로그램

SK그룹의 인재 양성 프로그램도 이러한 '패기'를 갖춘 인재 육성을 위해 도전적인 과제를 창의적으로 수행해 패기를 경험하고 배울 수 있도록 하고 있다. 최태원 회장이 2005년 한 해 동안 가장 많이 방문한 사업현장이 바로 그룹연수원인 SK아카데미일 정도로, 인재 육성은 최고 경영진에게 주어진 가장 큰 책무다.

SK의 신입사원교육은 그룹의 최고경영자를 비롯하여 계열사의 전 CEO가 참석하는 '최고 경영층과의 대화' 프로그램으로 유명하다. 이는 신입사원들이 그룹의 비전이나 발전 방향을 CEO로부터 직접 들음으로써 미래의 잠재적 경영인으로서의 가능성을 계발할 수 있도록 하기 위한 SK만의 독특한 인재경영의 출발점이다.

SK는 '임원 육성 제도(EMD, Executive Management Development System)'를 비롯하여 각 사별 특성에 맞는 다양한 사내교육프로그램을 운영하고 있으며, 해외 유수의 대학들과 제휴하여 교육과정을 운영 중이다. EMD제도는 크게 임원의 자격요건, 평가와 선발, 개발과 육성 등으로 구성되어 있다. 임원이 되기 위해서는 정해진 기준을 통과해야 한다. 여기에 상사는 물론 관련 부서와 부하직원들의 의견을 반영한 일종의 다면평가를 거쳐야 임원이 될 수 있다.

임원이 된 후에도 철저한 교육을 실시한다. 신임 임원들은 경영자로서의 능력을 개발하는 데 초점이 맞춰져 있다. 국내외 경영환경에 대응한 전략적 사고와 경영전략 수립능력 강화, 리더십 개발 등이 주요 내용이다.

그중에서도 TIC(Thunderbird International Consortium)과정이 특히 유명하다. 이는 GE, 다우케미컬 등 글로벌기업과 컨소시엄을 구성해 글로벌 비즈니스 이슈를 함께 발표하고 토의하면서 임원 간의 경험과 정보를 교류하기 위한 프로그램이다. 이를 통해 국제적인 비즈니스 감각을 배양하고 인적 네트워크를 구성하는 효과를 얻는다.

최근에는 멘토링시스템도 도입했다. 직속 상사가 아닌 상사, 퇴직 임원, 저명한 학자 등을 카운슬러로 위촉해 자유로운 분위기에서 역량을 강화할 수 있게 한 것이다.

Chapter 7

임원, 그 후
새로운 도전의 시작

장수 임원에서 CEO까지

1. 임원은 '임시 직원'의 약자?

임원의 평균 임기는 2년?

대기업 임원. 되기도 어렵지만 자리를 유지하기는 더 어렵다. 단일 기업으로는 임원 수가 가장 많은 삼성전자의 경우, 취임 5년 만에 어떤 식으로든 회사를 떠난 사람이 37%에 달한다.

삼성전자의 상무보 이상 임원급은 모두 700여 명. 2000년, 상무보로 승진했던 49명을 추적해본 결과, 2005년까지 자리를 지키고 있던 사람은 31명에 불과했다. 18명은 자의든, 타의든 회사를 떠났다. 2001년에 승진했던 96명도 2005년에는 77명이 남은 반면 19명은 자리를 비워야 했다. 퇴직 임원들의 평균 임기는 2년을 조금 넘는 수준에 불과했다.

현대자동차의 경우, 임원 교체속도가 삼성전자보다 훨씬 더 빨랐다. 2001년에 이사대우로 승진했던 47명 가운데 2005년까지 임원 자리를 유지하고 있는 사람은 불과 25명. 4년 만에 절반가량이 퇴직했다. 퇴직자 22명의 평균 임기는 1.5년에 그쳤다.

이렇다 보니 임원은 '임시 직원'의 약자라는 자괴감 섞인 조롱이 나오는 것도 자연스런 일이다. 실제로 임원들은 매년 초 임원 인사철이 올 때마다 좌불안석이다. 더욱이 기업들은 갈수록 '젊은 피' 수혈을 서두르고 있어서 임원 교체 속도 역시 빨라지고 있다. 해마다 연초면 금연을 선포하고 1년 내내 성공했다가도 연말이면 다시 담배를 찾는 임원이 많아지는 것도 이 때문이다.

"임원 인사를 앞두면 일손이 안 잡혀요"

삼성그룹의 매년 정기 인사 시기는 1월 초. 이건희 삼성그룹 회장의 생일인 1월 9일을 전후하여 그룹 계열사 사장단 인사가 이뤄지고, 사장단 인사가 이뤄진 후 임원진에 대한 인사가 진행된다. 이 기간에 삼성 CEO들이 서울 신라호텔에 모여 이 회장 주재로 만찬을 갖는데, 이 회동은 '최후의 만찬'으로도 통한다.

삼성그룹 임원들은 이 날을 기다리며 그야말로 '별들의 전쟁'을 펼친다. 특히 어느 정도 연간 실적의 밑그림이 그려지는 10월, 11월은 이들에게 가장 피 말리는 시기다. 실적이 조금 부진했다고 판단되는 임원들은 나머지 기간 동안 실적을 보완하기 위해 동분서주하고, 아예 자포자기하고 임원 인사를 '담담히' 기다리는 사람들도 있다.

재미있는 사실은, 실적이 좋은 임원이라 하더라도 누구도 자신하는 사람은 없다는 사실. 열이면 열 모두 실적과는 관계없이 긴장하는 분위기가 역력하다. 때문에 이 시기에는 '우울증'을 호소하는 임원들도 더러 나온다. 1년 동안 부서 내에서 큰소리 없이 화목한 분위기가 연출되다가도, 연말이면 큰소리가 나는 경우도 부쩍 많아진다. 평소 상사에게 미운털이 박힌 직원들이 각별히 주의해야 할 시기이기도 하다.

 게다가 매년 연말이 되면 이들은 스스로 자신의 연간 성적을 매기는 '자기 평가'를 완성해야 한다. 올해로 상무보 승진 3년이 지난 삼성그룹 주요 계열사의 K상무 역시 매년 자기 평가를 작성해왔다. 이제 매년 반복되는 일이라 어느 정도 익숙해질 만도 하지만, 자기 평가는 어렵기만 하다. K상무는 지난 3년 동안 대과(大過) 없이 팀을 이끌어왔다. 연간 실적도 매년 회사가 제시했던 목표치를 달성해왔고, 팀 내에서뿐만 아니라 연관 부서와 고객사들로부터도 좋은 평가를 받고 있다. 그러나 이번에는 자리 보전을 자신할 수 없어 여간 초조한 게 아니다.

 삼성그룹은 최근 최초 임원단계인 상무보에 대해서는 3년 정도의 임기를 보장해주기 시작했다. 상무보에 대해서까지 매년 계약을 갱신하다 보니 생기는 부작용 때문이다. 그동안 실무 선에서부터 단기 실적 위주로 업무를 추진하다 보니 중장기적인 그림이 나오지 않는다는 지적이 많았다. 그래서 3년 정도는 실적에 연연하지 말고 일해보라는 배려로 상무보는 '관행적으로' 3년 정도 임기를 보장해주고 있다. 실제로 과거에는 임원 승진 1년 만에 옷을 벗는 경우도 있었지만, 요즘은 웬만한 경우가 아니면 그렇게 냉혹하게 내몰리는 경우는 거의 없다.

상무 이상은 매년 '배수진'

그러나 상무 이상으로 올라가면 얘기는 달라진다. 소수의 등기 이사를 제외하면 나머지 임원들의 임기는 따로 없다. 정기 인사 가 아니라 수시 인사에 의해 옷을 벗어야 하는 경우도 있다. K상 무보는 올해로 임원생활 3년을 보냈기 때문에, 이제 '보(補)'자를 떼고 승진하느냐, 아니면 회사에서 퇴출되느냐 기로에 놓이게 되 었다. 고민이 깊어지는 건 이 때문이다.

"부장에서 상무보로의 승진을 기다릴 때와는 분위기가 확실히 달라요. 부장에서 상무보가 안 됐을 때는 적어도 다음 해를 기대 해볼 수 있지만, 상무보에서 상무 승진은 그렇지 않거든요. 거기 에다 올라갈 수 있는 자리는 계속 좁아지다 보니 항상 긴장할 수 밖에 없죠."

자신의 능력 안에서만이 아니라 능력 밖에서 이뤄지는 일도 결 국은 임원인 자신이 책임져야 한다는 점도 다르다. 임원으로 승 진하기까지는 자신의 능력만 인정받아도 승승장구할 수 있었지 만, 임원이 된 후에는 다르다.

자격지심인지는 모르지만, 잠재적 경쟁상대인 관련 부서의 L씨도 의식하지 않을 수 없다. 입사 1년 후배인 L씨 역시 능력을 인정받는 유능한 임원이다. 자신보다 1년 늦게 임원으로 승진했지만, 이번 인사 시즌에는 강력한 경쟁자가 될 것으로 보인다.

"상무보로 있는 3년은 그래도 마음이 편했어요. 이번 인사가 사실상 처음으로 경험하게 되는 임원 인사인데, 떨려 죽겠죠. 임원이라고 별 수 있겠어요? 똑같은 샐러리맨인데요. 더 하면 더 했지 덜 하지는 않을 겁니다. 인사철마다 수면제 없이 잠도 못 잤다는 선배 임원들의 말이 농담인 줄 알았더니, 막상 닥쳐 보니 알겠어요."

수시 인사에 365일 긴장

현대차그룹 임원 L상무의 생활과 고민도 K상무보와 크게 다르지 않다. 현대차 역시 정기 인사는 매년 1월. 그러나 현대차그룹은 특유의 '수시 인사'가 그룹 인사의 트레이드마크가 됐을 정도로 인사가 잦다. 최근에는 평균 15개월에 한 번씩 인사가 이뤄져 정몽구 회장의 인사스타일과 관련하여 '깜짝 인사', '럭비공 인사'라는 꼬리표가 따라다닐 정도다. 그룹 실세에서 밀려났던 인사가 다시 컴백하기도 하고, 초고속 승진을 하는 발탁 인사도 많다. 뚝심과 의리로 대표되는 기업문화를 가졌음에도 불구하고 인사는 '칼' 같다.

이런 정 회장의 인사스타일은 조직에 일정 수준의 긴장감을 줄 수 있다는 점이 장점으로 꼽히지만, 평가받는 입장에서는 여간 큰 스트레스가 아니다. 그나마 다행인 것은 이사급 등 임원 하층부에 대한 깜짝 인사는 정도가 덜한 편이라는 점. L상무는 "요즘 회사 분위기를 보면, 전무나 부사장급 선배들의 살얼음판을 걷는 기분이라는 말이 엄살은 아닌 것 같다."고 토로한다.

"언제든 자리가 위태로울 수 있다는 생각은 우리 회사 임원만의 위기의식은 아니겠지만, 더욱 긴장이 되는 건 사실인 것 같아요. 다른 기업의 임원으로 있는 대학 동기들과 얘기를 해봐도 알 수 있죠. 그래도 능력 있는 사람에 대한 발탁 인사는, '나도 저렇게 될 수 있겠구나.'하는 희망을 갖게 하기도 하죠."

L상무는 그래서 임원이 된 후 출근시간을 부장 시절보다 한 시간이나 앞당겼다. 업무에 대한 열정이나 책임감도 부장 시절에 비할 바가 못 된다. "원래 이사가 되면 상무 하고 싶고, 상무가 되면 전무, 전무가 되면 부사장, 이렇게 하나씩 높은 단계로 승진하고 싶은 게 인지상정 아니겠어요. 그럼에도 불구하고 인사 소문이 돌 때마다 움츠러드는 제 모습을 볼 때, 이제 나도 나갈 때가 됐구나, 하는 자괴감이 들곤 하죠."

이렇듯 임원 인사철이 되면 피말리는 압박감에 시달리기도 하지만, 승승장구하며 CEO로 올라서거나 몇 십 년째 자리를 유지하는 장수 임원들도 있다.

2. 누가 임원에서 CEO가 되는가?

$\#1$ A사 B부사장과 C전무는 입사 동기다. B부사장은 수석으로 입사한 후 줄곧 승승장구해왔다. 뛰어난 업무실력은 물론 능수능란한 대인관계능력으로 말미암아 상하좌우의 두터운 신망을 받으며 막힘없이 부사장 자리에까지 올랐다. 반면, C전무는 늘 B부사장보다 한발 늦었다. 능력은 나무랄 바 없었지만, 조금 차갑고 냉정해 보이는 인상과 성격이 항상 마이너스로 작용했다. B부사장에 비해 사내의 지지기반도 좀 약한 편이었다.

다들 다음 번 대표이사는 당연히 B부사장이 될 거라고 생각했다. 그런데 결과는 정반대. C전무가 대표이사로 임명됐다. 반면 B부사장은 사표를 내고 회사를 떠났다.

무엇이 B부사장과 C전무의 인생을 갈랐을까. 이유는 다름 아닌 급변한 A사의 환경이었다. A사는 그동안 무난하게 성장을 계속해왔다. 그러나 시장 트렌드가 바뀌면서 A사의 매출이 갑자기 곤두박질치기 시작해 급기야 설립 이후 처음으로 적자로 전환되기까지 했다. 다급해진 오너 회장은 대표이사 인사에서 '누가 구조조정을 가장 잘할 수 있는 인물인가?'를 중점적으로 봤다. 이와 관련하여 더 많은 점수를 얻은 사람이 바로 C전무였다. '인정 많고 아래위를 두루 챙긴다.'는 평을 받는 B부사장보다 '일 앞에서는 피도 눈물도 없을 정도로 냉정하다.'는 소리를 듣는 C전무가 구조조정에 더 적합한 인물이라 판단한 것이다. 부사장도 거치지 않고 일약 사장이 된 C전무는 오너 회장이 기대한 대로 A사의 구조조정을 잘 이끌어 다시 흑자 회사로 탈바꿈시켰다.

#2 부사장 5년차에 접어들면서 D부사장은 수많은 불면의 밤을 보내기 시작했다. 자신이 부사장이 될 때 사장 자리에 올라 5년째 장기 집권하고 있는 E사장의 지위는 여전히 탄탄해 보인다. 회사가 워낙 잘나가고 있어 굳이 대표이사를 교체할 이유가 없어 보인다. 또한 업계의 스타 CEO로 자리매김한 E사장을 계속 붙잡아두는 것이 회사 브랜드에 유리할 거라는 것이 오너 회장의 의중인 듯싶다.

이 같은 E사장의 장기 집권은 D부사장의 대표이사에의 꿈을 송두리째 빼앗아버렸다. 지난해까지는 '나도 언젠가는 CEO가 될 수 있을 거야.'라는 희망을 버리지 않았었는데, 5년째인 올해 들어서는 부쩍 자신감이 없어졌다. 다음 번 인사에 현재 전무급인 후배들 중 한 명이라도 부사장이 되는 후배가 나오면 바로 옷을 벗어야 하는 것 아닌가 하는 불안감, 그리고 무슨 일이 있어도 CEO가 되겠다는 청운의 꿈을 품고 입사했는데 결국 그 꿈을 이루지 못하고 그만둬야 하는구나 하는 자괴감 등으로 입맛도 없고 일할 의욕도 생기지 않는 날이 하루 이틀이 아니다.

그러던 어느 날, 뜻밖의 사태가 전개됐다. E사장이 거래처로부터 거액의 뒷돈을 받았다는 투서가 날아든 것. 걷잡을 수 없이 소문이 퍼지면서 수습할 수 없는 지경이 되어버리자 결국 E사장은 사표를 내고 말았다. E사장 후임으로 D부사장이 대표이사 자리에 올랐음은 물론이다.

3

F부사장과 G부사장은 입사 때부터 군계일학이었다. 무슨 일을 시켜도 두 사람은 늘 최고로 잘 해냈다. 신입사원 시절부터 향후 회사의 미래를 책임질 인재로 인정받은 두 사람은 기대에 어긋나지 않게 뛰어난 능력을 발휘하며 한발 한발 나아갔다.

다음 번 사장 인사에서 F부사장과 G부사장 중 과연 누가 사장이 될 것인가가 한동안 사내의 최고 이슈였다. 이공대 출신이 우대되는 시절이니 테크노 경영자인 F부사장 편에 서는 게 맞다, 아무리 그래도 회장실에서 오래 생활한 G부사장이 더 유리하지 않겠는가, 등등 저울추가 어느 한쪽으로 쉽게 기울어지지 않았다.

이런 와중에 뜻밖의 변수가 생겼다. 전혀 예상치 못한 대선 후보가 대통령이 된 것. 마침 F부사장은 대통령과 같은 중학교 출신이었다. 두말할 것 없이 그때부터는 F부사장이 당연히 사장이 될 거라는 인식이 지배적이 됐고, 실제로 F부사장은 사장 자리에 올랐다.

'타이밍이 제일 중요하다'

누가 수많은 임원들 중 CEO로 올라서는가?

수많은 CEO들과 임원들에게 위와 같은 질문을 던져보았다. 그런데 한결같이 '타이밍'이라는 답변을 했다. '타이밍이 제일 중요하다.'는 얘기다. 회사가 그 시기에 어떤 인재를 원하느냐, 타이밍이 얼마나 그 사람에게 유리하게 돌아가느냐에 따라 CEO가 되고 못 되고가 갈린다는 얘기다. 이와 관련하여 한 CEO는 "운칠기삼(運七技三)도 아니고, 운구기일(運九技一) 정도"라고 귀띔하기도 했다. 위에 열거한 사례들 역시 '타이밍'이 CEO로 가는 길에서 얼마나 중요하게 작용하는지를 단적으로 보여준다.

3. 장수 임원의 비결

임 원은 기업의 꽃이다. 임원이 되면 부장 시절과는 대우가 확연하게 달라지고, 남들의 시선 또한 크게 달라진다. 하지만 임원이 되었다 한들, 1년 달랑 하고 그만두게 된다면 무슨 의미가 있으랴. 그러나 앞에서 살펴보았듯, 임원 자리는 지키기가 쉽지 않다. 우스갯소리로 '짧게 임원 1년 하는 것보다, 길게 부장 20년 하겠다.'는 얘기가 나오는가 하면, '임원은 임시 직원의 준말'이란 얘기도 있을 정도다. 실제로 대기업 임원들의 평균 임기는 3년 남짓에 불과한 것으로 알려졌다.

그렇다면 일단 임원이 된 사람들로서는 향후 어떻게 장수 임원의 대열에 들어설 수 있을까가 최고의 관심사일 것이다. 임원들이 꼽는 장수 임원의 비결이 궁금한 이유가 바로 여기에 있다.

1. 눈에 띄는 실적 등 좋은 성과

임원들은 장수 임원의 비결로 가장 먼저 '눈에 띄는 실적 등 좋은 성과'를 지목했다. 성과가 좋은데 굳이 그만두게 할 CEO나 회사는 없을 것이다. 특히 주주 중시 경영이 확산되면서 성과주의가 보편화됐기 때문에, 해당 사업부의 경영실적은 임원 평가의 절대적인 기준으로 자리 잡았다. 자신이 맡은 사업부의 실적이 얼마나 좋고 나쁘냐에 따라 장수할 수도, 단명할 수도 있는 것이다. 결국 바꿔 말하면 실적 부진이 임원 해임의 첫 번째 사유라고도 할 수 있다.

이용구 대림산업 부회장(1986년 임원 승진, 2000년 대표이사 사장), 민경조 코오롱건설 사장(1983년 임원 승진, 1999년 대표이사 사장) 등은 CEO 취임 이후 계속해서 회사의 연간 매출과 이익을 사상 최고치로 끌어올리며 전문경영인으로 장수하고 있다.

2. 오너, 경영진과의 교감과 이들로부터의 신뢰

두 번째로는 '오너, 경영진과의 교감과 이들로부터의 신뢰'가 꼽혔다. '사내외의 높은 신망'과 '끊임없는 자기 계발'보다, '오너, 경영진과의 교감과 이들로부터의 신뢰'가 높은 점수를 받았다는 것은 시사하는 바가 크다. 임원이 되기까지는 능력이 좌우하지만, 그 후로는 능력도 중요하고, 능력만큼이나 최고 경영진이나 오너와의 관계도 중요해진다는 얘기가 될 수 있다.

'가신', '측근'으로 분류되는 CEO들이 장수하는 이유도 이런 측면에서 이해할 수 있다. 이학수 삼성 전략기획실장, 김쌍수 LG 전자 부회장이 대표적이다. 김선동 에쓰-오일 회장은 대주주인 사우디아라비아계 아람코(ARAMCO)의 절대적 신뢰를 바탕으로 '장수'를 누리고 있다. 아람코 측은 김 회장이 분식회계 문제로 구속됐을 때도 김 회장에 대한 전폭적인 지지를 아끼지 않았을 정도다. 구학서 신세계 사장 역시 오너인 이명희 회장의 신뢰를 바탕으로 8년째 대표이사로서 책임경영을 해오고 있다.

3. 사내외의 높은 신망

'용장(勇將)'보다는 '지장(智將)', 지장보다는 '덕장(德將)'이라는 말에서 알 수 있는 것처럼, 임원들을 평가하는 데 있어서도 원만한 인간관계와 상하로부터의 신망은 기본이다.

삼성경제연구소가 운영하는 임원급 대상 유료정보 사이트 'SERI CEO'에서 회원들을 대상으로 조사한 결과 역시 CEO가 될 수 있는 최고 덕목으로 '대인 지능'이 꼽혔다. 한마디로 사내 외에서 상하좌우로부터 두루 좋은 평가를 받아야 직장 내에서 성공할 수 있다는 얘기다.

실제로 장수 임원, 장수 CEO를 살펴보면 회사 내에서 특별한 '적(敵)'이 없다는 점이 눈에 띈다. 왜 그럴까. 뛰어난 경영실적을 올리기 위해서는 팀워크가 기반이 되어야 한다. 팀워크는 어디서 나오는가. 바로 조직원들의 신망에서다.

4. 끊임없는 자기 계발

장수 임원들이 가장 싫어하는 말은 아이러니컬하게도 '장수'
라는 용어다. 왠지 퇴물 분위기가 나기 때문이다. 그래서인지 자
기 계발을 무엇보다도 강조한다.

2006년 현재, 14년째 임원생활을 하고 있는 김인 SDS 사장은
소문난 독서광이다. 직원들에게도 끊임없는 독서를 강조하기로
유명하다. 16년차 장수 임원 허원준 한화석유화학 사장도 바쁜
시간을 쪼개 서울대 세계경제 최고전략과정을 마치는 등, 자기
계발을 위한 노력을 게을리 하지 않고 있다. 이 외에 수많은 CEO
와 임원들이 아침잠을 줄여가며 조찬 세미나 등에 참석하는 것도
같은 이유에서다.

결국 시대의 흐름에 뒤쳐지지 않기 위한 자기 계발은 장수 임
원의 기본 조건이라 하겠다.

사례 – 대표적인 장수 임원 2명

민경조 코오롱건설 사장

1943년생
서울대 상학과 졸업
1967년 한국산업은행
1973년 서울대 경영대학원 졸업
1977년 코오롱그룹 비서실
1983년 코오롱건설 이사
1996년 코오롱건설 부사장
1999년 코오롱건설 사장
2006년 코오롱건설 사장, 그린나래
       대표이사 겸임

'《논어(論語)》 경영학 전도사'.

민경조 코오롱건설 사장은 재계에서 '논어 전도사'로 통한다. "《논어》를 1,000번쯤은 읽었다."는 민 사장은 《논어》의 가르침을 경영에도 그대로 적용하고 있다. '일을 하려거든 내 일처럼 하라.' '내가 하기 싫은 일을 남에게 시키지 말라.' 등 《논어》의 가르침을 일상생활에서 그대로 실천하고 있다. 다른 사람들에게도 《논어》 읽기를 자주 권한다. 그래서 얻은 별명이 바로 '논어 전도사'다.

민 사장은 또한 재계에서 손꼽히는 장수 전문경영인이다. 1983년에 코오롱건설 이사로 승진한 후, 전무와 부사장을 거쳐 1999년에 대표이사 사장으로 취임했으므로, 임원 생활만 24년째다. 국내 100인 이상 고용 기업에서 대졸 신입사원이 임원으로 승진하는 데 걸리는 기간이 평균 22.4년인 점을 고려하면, 민 사장이 임원으로 지낸 23년이 얼마나 긴 시간인지 짐작이 가능하다. 실제로 1983년에 민 사장이 이사로 재직할 때 선발했던 신입사원들 가운데 이미 임원으로 승진한 경우도 많다.

합리적 의사 결정과 뛰어난 용인술(用人術)

민 사장에 대한 코오롱건설 임직원의 평가는 '명석하다', '엄하다', '합리적이다', '만능스포츠맨이다', '관리통이다' 등 다양하다. 그러나 특히 높게 평가받는 부분은 바로 합리적인 의사 결정과 사람을 적재적소에 활용하는 용인술이다. 그 두 가지는 민 사장이 23년 동안 임원 자리를 유지하고 사장 자리에까지 오를 수 있었던 원동력이다. 그는 임원에 대해 "언제든 기업의 최고경영자가 될 수 있는 위치에 있는 만큼, 자신보다는 회사의 성장과 발전을 먼저 고민하는 자세가 필요하다."고 강조한다.

1967년 대학 졸업 후 산업은행에서 사회생활을 시작한 민 사장은 1977년 코오롱그룹에 스카우트됐다. 회장 비서실을 거쳐 1983년에 코오롱건설 이사로 승진하면서 건설업과 인연을 맺었다. 이후 24년 동안 줄곧 코오롱건설에 몸담으며 코오롱건설과 희로애락을 함께해왔다.

사실 민 사장은 장수 임원이 될 수 있는 자질을 모두 갖췄다. 〈매경이코노미〉에서 기업체들의 장수 임원을 분석하면서 정리한 장수 임원의 비결은 꾸준한 실적, 오너와 경영진의 절대적인 신뢰, 사내외의 높은 신망, 끊임없는 자기 계발 등 크게 네 가지다. 민 사장의 평소 생활태도와 경영실적, 사내외의 평가를 종합해보면 그는 장수 임원의 모습과 꼭 들어맞는다.

> 민 사장은 장수 임원의 비결인 꾸준한 실적,
> 오너와 경영진의 절대적인 신뢰, 사내외의 높은 신망,
> 끊임없는 자기 계발 등을 모두 갖췄다.

장수 임원의 비결을 모두 갖추다

우선 민 사장은 코오롱건설 임원으로만 23년을 일하면서 코오롱건설의 양적·질적 성장을 주도해왔다. 특히 1999년 사장 취임 후에는 코오롱건설을 매출 1조원 대의 우량 건설사로 키워냈다. 코오롱건설이 워낙 잘나가면서, 코오롱그룹의 주력사업이 화섬에서 건설로 바뀌는 것 아니냐는 농담이 나올 정도다.

이렇게 될 수 있었던 가장 큰 배경은 '수익이 보장되지 않는 사업에 나서지 않으면 회사는 저절로 잘된다.'는 원칙에 따라 행동한 것이다. 민 사장은 외형성장보다는 내실성장을 강조한다. 실제 민 사장이 CEO가 된 후 코오롱건설은 수익성이 떨어지는 관급공사 최저입찰에 참여한 적이 없다.

민 사장을 설명하는 데 있어 이처럼 뛰어난 실적뿐 아니라 사내외의 높은 신망을 빠뜨릴 수 없다. 임원을 평가하는 데 있어 원만한 인간관계는 기본이다. 민 사장은 '덕불고필유린(德不孤必有隣, 덕은 외롭지 않고 항상 이웃이 있다)'이라는 논어의 가르침을 그대로 실천하는 '덕장'으로 유명하다. 실제로 화이트데이(3월 14일)에 사내 여직원들에게 일일이 사탕이 든 곰돌이 인형을 선물한 것은 유명한 일화. 인터넷 메신저나 이메일을 통해 말단 직원과 직접 채팅을 할 정도로 임직원들과도 격의 없이 지내, 직원들은 그를 '사장'보다는 마음 따뜻한 '선생님'으로 생각한다.

오너와 대주주의 절대적인 신뢰는, 민 사장이 임원으로 거둔 실적과 대내외에서 얻은 높은 신망이 쌓이면서 저절로 얻을 수 있었다. 아직까지 그룹 경영은 오너의 입김이 절대적인 것이 현실이다. 민 사장은 자신을 스카우트한 이동찬 코오롱그룹 명예회장은 물론, 이웅렬 현 회장으로부터도 전폭적인 신뢰를 얻고 있다. 어느 것이 먼저라고는 할 수 없지만, 민 사장이 코오롱그룹을 대표하는 전문경영인으로 자리 잡을 수 있었던 것은 오너의 절대적인 신뢰가 바탕에 있지 않았으면 불가능했을 일이다.

끊임없는 자기 계발 역시 민 사장의 트레이드마크. 그는 소문난 독서광이다. 어떤 화제를 던져도 전문가 이상의 지식을 자랑할 정도로 독서를 통해 습득한 지식이 방대하다. 자신의 인터넷 홈페이지를 2000년부터 따로 운영하고 있을 뿐 아니라, 컴퓨터 활용능력도 여느 젊은 직장인 못지않다. 또한 영자신문에 나오는 퍼즐은 하루도 거르지 않고 풀 정도로 영어 공부도 게을리 하지 않고 있다.

'수기치인(修己治人)'의 자세로 솔선수범하다

민 사장 자신은 자신의 임원 장수 비결을 어떻게 평가하고 있을까. 그는 '수기치인(修己治人)'의 정신을 가장 먼저 꼽는다.

"리더의 자리는 모든 조직원들의 이목이 집중된 자리예요. 리더가 솔선수범하면 조직원들은 저절로 리더의 행동을 보고 따라하게 됩니다.《논어》에 '지도자의 처신이 바르면 명령을 하지 않아도 모든 일이 행해지지만, 지도자의 처신이 바르지 않으면 비록 명령을 내려도 따르지 않는다(其身正 不令而行 其身不正 雖令不從).'는 말이 있어요. 이런 자세로 임원 역할에 충실했던 게 비결이라면 비결이죠."

그래서인지 민 사장은 후배 임원들에게 솔선수범의 자세를 무엇보다 강조한다. 임원까지 올라왔을 정도면 능력에 관한 한 기업으로부터 인정을 받았다는 뜻이다. 따라서 그 다음부터는 조직을 원하는 방향으로 이끌어갈 수 있는 능력이 중요한데, 이때 가장 필요한 자질이 바로 솔선수범이라는 얘기다. 그래서 그는 임원의 자질에 대해 능력보다는 신의성실, 근면정직, 기본과 원칙 등 도덕적인 면에 더 많은 점수를 준다.

> 《논어》에 '지도자의 처신이 바르면
> 명령을 하지 않아도 모든 일이 행해지지만,
> 지도자의 처신이 바르지 않으면 명령을 내려도 따르지 않는다
> (其身正 不令而行 其身不正 雖令不從).' 는 말이 있습니다."

임직원들의 목소리를 가장 가까이에서 듣고 이를 적극적으로 경영에 접목시킨 것도 도움이 됐다. 민 사장의 경영은 현장사업본부와 경영지원본부의 의견을 동시에 잘 수렴하여 합리적인 의사 결정을 내리는 분권형 시스템이다. 그는 종종 "삼각형 한 변의 길이는 다른 두 변의 합보다 작다."는 말을 임직원들에게 전하곤 한다. 아무리 어떤 사람이 뛰어나다 하더라도 여러 사람의 지혜를 합하는 게 낫다는 뜻이다. 그래서 민 사장은 리더가 카리스마를 갖고 회사를 이끌어야 한다는 데는 동의하지 않는다.

"세 사람이 길을 가면 반드시 내 스승이 있다(三人行 必有我師)고 했습니다. 임원이라도 항상 자신보다 좋은 생각을 가진 사람

이 있다는 생각으로 조직원들의 이야기를 경청하고 다양한 아이디어를 얻으려고 노력해야 자신뿐 아니라 기업도 성장할 수 있다고 생각해요. 결국 장수 임원도 내 자신이 잘해서라기보다는 기업의 모든 임직원들이 도와줬기 때문인걸요."

민경조 코오롱건설 사장의 성공 비결

1. 수기치인(修己治人)

민경조 코오롱건설 사장은 자신이 24년 동안 임원 자리를 유지할 수 있던 비결에 대해 한마디로 '수기치인(修己治人)'의 마음자세를 꼽는다. '나를 다스린 후 다른 사람을 다스릴 수 있다.'는 얘기다. 또 가장 대표적인 실천 덕목으로는 '솔선수범'을 꼽았다. 리더는 조직을 원하는 방향으로 이끌어갈 수 있어야 하는데, 이때 솔선수범만 한 명령이 따로 없다는 것이다. 특히 민 사장은 신의성실, 근면정직, 기본과 원칙 등 도덕적인 자질에서 더욱 충실을 기해야 한다고 강조한다.

2. 덕불고필유린(德不孤必有隣)

'논어 전도사'라는 별명을 따로 얻었을 정도로 민경조 사장은 《논어》에서 얻은 지혜로 기업을 경영해왔다. 그 가운데 가장 좋아하는 대목이 바로 '덕불고필유린(德不孤必有隣)'이다. '용장(勇將) 보다는 지장(智將), 지장보다는 덕장(德將)'이라는 말에서 알 수 있는 것처럼, 덕이 있는 사람은 조직을 항상 올바른 방향으로 끌어갈 수 있는 정당성을 지닐 수 있다. 실제로 그는 사장보다는 아버지, 삼촌, 친형의 이미지로 직원들에게 다가간다. 화이트데이면 사내 여직원들에게 곰돌이 인형을 선물하고, 이메일이나 메신저를 통해 직원들과 끊임없이 커뮤니케이션을 주고받는다. 이렇게 쌓은 덕이 결국 조직과 회사를 하나로 묶고, 실적을 개선시키는 원동력이 됐다.

강동환 캐논코리아 컨슈머 이미징 사장

1954년생
연세대 전자공학과 졸업
1977년 LG상사
1989년 LG상사 새너제이 지사장
1995년 LG상사 이사
2001년 LG상사 부사장
2006년 캐논코리아 컨슈머 이미징 사장

"1994년 말에 임원이 됐다는 통보를 받았어요. LA지사장으로 있을 때였죠. 해외지사에 근무하고 있었기 때문에 딱히 현실감은 없었습니다. 빨리 임원이 돼야겠다는 목표도 가져본 적이 없었구요."

강동환 캐논코리아 컨슈머 이미징 사장은 전 직장인 LG상사에서 임원이 되던 때를 이렇게 기억한다. 강 사장이 LG상사 이사가 된 때는 1995년 초. 당시로서는 젊은 41세의 나이에 임원이 되어, 올 3월 캐논코리아 컨슈머 이미징 대표가 되기 전까지 10년 동안 LG상사에서 임원으로 일했다. 요즘이야 30대 임원도 심심

치 않게 볼 수 있지만, 당시만 해도 대기업 임원이 되기 위해서는
40대 후반이나 50대 초반이 되어야 했다. 강 사장은 남들보다 빨
리 기업에서 '별'을 단 셈이다.

"여러 이유가 있겠지만, 미국 새너제이 지사장 시절 벌인 PC사
업이 성공적이었던 게 가장 큰 요인이 된 것 같습니다. PC를 만
들어 크라이슬러 등 미국 내 기업들에 납품을 했는데, 당시 PC전
문 제조업체들도 못한 일을 상사에서 해내 좋은 평가를 받았습
니다."

10년 이상 지속된 LG상사의 PC사업은 매년 상당한 이익을 내
면서 성공스토리로 회사 내에 회자됐다.

"당시 PC가 대당 5,000달러가 넘었는데, 크라이슬러 같은 경
우, 요구사항이 복잡했어요. 전문제조업체들은 다품종 소량생산
을 하기 어려운 상황이었던 터라 우리가 그 틈새를 파고들었는
데, 그것이 성공적인 전략이었습니다. 미국 내에서 계약생산으로
고객맞춤형 제품을 납품했는데, 요즘 개념으로 하면 아웃소싱
(out-sourcing)을 잘 활용한 새로운 사업모델을 만든 거죠."

41세의 젊은 임원으로 시작해서 장수 임원으로

강 사장은 LG상사 재직 시절 줄곧 IT 부문에서 활약했다.

전자부품 수출업무를 시작으로 인도네시아 지사 재직 시절에
는 금성사 가전제품을 팔았다. 국내외 IT제품의 수출과 수입 업

무를 하다 보니 자연스럽게 PC사업에 관심을 갖게 됐다. PC사업 하나 달랑 들고 미국 새너제이에 지사를 만든 것도 바로 강 사장이었다.

강 사장이 IT 분야에서 잔뼈가 굵은 배경에는 대학에서 전자공학을 전공했다는 사실이 자리하고 있다. 그런데 강 사장이 LG상사(당시 반도상사)에 입사한 연유가 재미있다. 공학을 전공한 강 사장의 입사 목표 기업은 LG상사가 아닌 LG전자(구 금성사)였다. 입사원서를 받기 위해 학교를 나서던 그는 당시 반도상사에 근무하던 같은 학교 출신 선배를 만났다. "같이 택시를 타고 가는데, 그 선배가 좋은 후배를 회사에 추천하기 위해 학교에 왔다고 말하더군요. 반도상사가 종합상사로 승인받을 예정이고 좋은 회사라는 말에 금성사에서 반도상사로 지원 회사를 바꿨습니다."

과 내에서 손꼽힐 정도로 영어를 잘했다는 사실도 강 사장이 종합상사로 가게 된 한 이유다.

이런 배경을 갖고 있다 보니, 임원이 되고 1년 후에 본사 발령을 받은 강 사장이 맡은 사업도 '정보시스템사업부'였다.

"정보시스템사업부란 이름을 달고, 조직 설계부터 모든 것을 맡아 다시 시작했습니다. 이전에는 IT제품 수출입의 경우, 적자를 보거나 겨우 손익분기점을 맞추는 수준이었죠. 정보시스템사업부로 조직을 정비하고 사업구조를 바꿔나가기 시작해 97년부터 이익이 나기 시작하더군요."

전자제품 수출이 중심이던 사업구조를 수입과 국내 시판으로까지 확대했다. 다루는 제품도 하드디스크드라이브, 디지털카메라 등 전문제품으로 확대했다. 현재 근무하고 있는 캐논과 인연을 맺은 것도 이 당시다.

좋은 실적을 바탕으로 2001년에는 부사장으로 승진했다. 부사장이 되면서 플랜트 수출 등 좀 더 넓은 분야를 책임지게 되었다. 사업은 잘된 편. 2005년 한 해에 플랜트 수출 중심지인 중동지역으로 출장을 14번 다녀왔을 정도다.

조직생활의 비결은 '길게 보고 통찰력을 갖는 것'

이렇게 LG상사에서 부사장직을 포함, 임원생활만 꼭 10년을 했다.

"임원으로 일할 동안에는 실적에 대한 압박은 거의 없었습니다. 그 덕에 장기적인 시각을 갖고 비즈니스를 할 수 있었죠."

강 사장은 10년 임원생활 동안 깨달은 조직생활의 비결을 '길게 보고, 통찰력을 갖는 것'이라고 정리했다.

"일본 기업과 미국 기업을 비교해보면, 일본 직원들은 좀 더 회사 친화적이에요. 미국은 좀 더 개인 중심이죠. 한국은 그 중간쯤 되는데, 최근 한국 기업들이 지나치게 단기 업적에 치우치거나, 직원들도 단기적인 자기 이익을 먼저 생각하는 경우가 적지 않은 것 같아요. 좀 더 긴 안목으로 소속 집단에 애착을 갖고, 자신의 이익과 회사의 비전을 일치시키는 노력을 할 필요가 있을 것 같습니다."

직원들이 회사에 소속감을 갖고, 장기적인 손익계산을 따져봐야 한다는 주장이다.

강 사장은 또 임원급이라면 통찰력이 필요하다고 말한다.

"임원이 되면 관리자에서 경영자가 된 셈입니다. 사업의 본질을 깊이 이해하고 있어야 해요. 자기가 하는 업(業)에 대해 잘 파악하고 있어야 실패하지 않을 수 있고, 문제가 생겼을 때 대안을 제시할 수 있습니다. 물론 열정은 기본이죠. 임원이 열정이 없으면 조직이 성장하지 못해요."

> "임원은 사업의 본질을 깊이 이해하고 있어야 해요.
> 물론 열정은 기본이죠.
> 임원이 열정이 없으면 조직이 성장하지 못해요."

"임원은 기업의 청지기"

그렇다면 강 사장이 강조하는 장수 임원의 조건은 무엇일까.

첫째는 청지기 업무를 잘해야 한다는 것.

"임원이 되면 무게를 잡고 엄격하게 행동하는 경우가 있는데, 자칫 지나친 통제와 억압이 될 수 있어요. 그런 면에서 임원들은 자신이 기업의 청지기라 생각하고, 본인은 물론 직원들에게 소속

기업에 대한 멤버십을 가질 수 있도록 행동해야죠."

강 사장은 '멤버십'에 대해서는 이렇게 설명한다. "기업의 주주가 아닌 이상 직원들이 주인의식을 갖는 것은 사실상 어렵습니다. 하지만 멤버십은 생각할 수 있어요. 골프를 칠 때도 그냥 치는 사람과 골프장 멤버십을 지닌 사람들은 태도가 다르죠." 소속 집단에 대해 애착을 가질 수 있어야 한다는 설명이다.

두 번째는 '왜 이 일을 하느냐'에 대한 명확한 의식이다.

기업에 속해서 일하다 보면, 목적은 빠진 채 관행적으로 일을 하게 되는 경우가 있다는 지적이다. 강 사장은 "왜 이 일을 하느냐에 대한 명백한 생각이 있어야 기본적으로 일을 잘할 수 있다."고 말한다. 정보시스템사업부를 맡은 후, 분기별로 전체 부서원들을 모아놓고 워크숍을 가진 것도 같은 이유에서다.

"당시만 해도 간부들이 앞에 나와 직원들에게 실적과 비전 등을 공유하는 일은 국내 대기업에는 흔치 않았습니다. 미국 기업에서 그렇게 하는 것을 보고 배워 왔는데, 조직을 이끄는 데 많은 도움이 됐어요."

부하직원들과 '6인 술자리'를 계속해서 가진 것도 같은 맥락이다. 부서별이나 계층별로 매일 6명의 직원들을 조직하여 같이 식사를 하거나 술을 마셨다.

"비전이나 사업에 대한 생각들을 공유하기 위해 6명조를 맞추는 게 일이었습니다. 여러 번 하다 보니 여섯 명 정도가 대화를 이끌어가기도 좋고, 대화 내용도 하나로 유지가 되더군요. 자리를 옮기지 않고 술잔을 부딪칠 수도 있는 6명을 조직하는 게 관리부장의 일이었습니다."

CEO 등 시니어층과의 좋은 관계는 기본

"임원으로 오래 일하기 위해서는 CEO로 대변되는 최고 경영진과의 '신뢰' 관계가 중요합니다. 임원들도 시니어나 다른 고위층과의 신뢰가 없으면 곤란합니다. 회사의 자원을 배분해주는 쪽과 관계가 좋지 않으면 아무래도 힘든 면이 있죠. 아부를 해서 무조건 가까워지는 게 아니라, 총체적인 관계에서 믿음을 쌓아가야 한다는 의미입니다."

한편 강동환 사장은 LG상사 재직 시절부터 캐논과 LG상사의 사업 제휴를 통해 캐논과 인연을 맺어왔다. 캐논 측은 한국시장에 진출하면서 국제 경험과 그동안 쌓아온 신뢰를 바탕으로 2006년 3월에 강 사장을 대표로 영입했다.

"임원으로 오래 일하기 위해서는
CEO로 대변되는 최고 경영진과의 '신뢰' 관계가 중요합니다.
총체적인 관계에서 믿음을 쌓아가야 한다는 의미죠."

강동환 캐논코리아 컨슈머 이미징 사장의 성공 비결

1. 성공 비즈니스를 창출하라.

강동환 캐논코리아 컨슈머 이미징 사장은 LG상사 LA지사장 재직 시절, 41세라는 비교적 젊은 나이에 임원이 되었다. 거기에는 여러 가지 이유가 있겠지만, 강 사장은 "미국에서의 PC사업이 성공한 것이 주된 이유라고 생각한다."고 밝힌다. 대형 PC제조업체들로서는 감당하기 어려웠던 다품종 소량생산을 아웃소싱을 통해 도입하여 성공시킨 것이다. 당시 PC사업의 성공은 회사 내에서 성공적인 사업으로 오랫동안 회자되었다.

2. 시니어층과 좋은 관계를 맺어라.

좋은 임원이 되기 위해서는 CEO와 최고 경영진 등 시니어층과의 좋은 관계는 필수다. 강동환 사장은 "아부를 하라는 것이 아니라, 끊임없이 교감을 나누고 총체적인 인간관계를 형성해야 한다는 뜻이다."라고 강조한다. 회사의 자원을 배분할 권한을 지닌 사람들과의 관계에 문제가 있으면 회사생활을 성공적으로 하기는 어렵다는 설명이다.

4. 임원 퇴직 이후의 진로

경영자문가로서 중소기업의 '멘토'로 활동

퇴직 후 한가로운 여생을 보내고 있는 김성덕 전 연합철강 대표는 한 달에 두 번씩 색다른 일을 한다. 그는 대기업에서 배우고 익힌 경험과 지식을 중소기업에 전수하는 멘토 일을 하고 있다. 대기업을 경영했던 외부인의 시각으로 중소기업의 업무시스템 혁신에 도움을 주고 있는 것이다.

김 전 대표처럼 대기업 CEO와 임원 출신들 중에 '경영자문가'로 활동하는 사람들이 최근 들어 부쩍 늘고 있다. 전경련에서 주관하는 '중소기업 멘토'로 활동하는 사람만도 70여 명이고, 대·중소기업협력재단에서 운영하는 중기경영자문단에서도 전문가 210여 명이 컨설턴트로 활약하고 있다. 중소기업청 산하 대·중소기업협력재단 자문단은 삼성전자, 포스코 등 대기업에서 활약하던 퇴직 임원들이 다수를 차지한다. 중소기업청 기업협력팀 관계자는 "경영자문사업은 대기업 퇴직 임원들의 노하우를 살리고, 나아가 중소기업들을 돕자는 취지로, 좋은 반응을 얻고 있다."고 밝힌다.

이처럼 퇴직 후 멘토의 길에 나선 대기업 퇴직 임원들은 아직 그 수가 많지 않은 데다 사회봉사를 한다는 점에서 사회적인 귀감으로 꼽힌다.

중소기업이나 벤처기업에의 재취업

이 외에 대기업의 '별'로 불리는 임원들의 퇴직 후 진로는 어떤 것들이 있을까.

높은 연봉과 사회적 지위를 보장받아온 대기업 임원들은 퇴직 후에 '웰빙'을 즐길 수 있을 것 같지만 현실은 꼭 그렇지만은 않다. 퇴직 임원들 가운데 상당수는 다시 생활전선에 뛰어들어야 한다. 최근 들어 임원들의 연령대가 40~50대로 낮아지면서 특히 두드러진 현상이다. 과거에는 회사 감사나 고문으로 일하거나 협력업체에 합류하는 경우가 많았지만, 요즘엔 그것도 말처럼 쉽지 않다. 대기업에 대한 투자자들의 감시의 눈초리가 높아진 데다, 협력업체에서도 무작정 받아들이지는 않는 분위기가 정착됐기 때문이다.

국내 대기업과 중견기업, 금융기관의 퇴직 임원은 줄잡아 연 2,000여 명을 넘어선다. 그중 국내 굴지의 대기업 출신 임원은 대개 새 직장을 수월하게 찾을 수 있다는 게 헤드헌팅업계 관계자들의 설명이다. 한 헤드헌터는 "삼성이나 LG 등 손꼽히는 대기업 임원들의 경우 재취업 성공률이 70~80%에 이른다."면서, "중소기업이나 벤처기업 임원으로 눈높이를 낮춘다면 성공률은 더 높아진다."고 말한다.

실제로 벤처기업과 중소기업의 전문경영인이나 부사장급에서 대기업 출신을 찾기는 어렵지 않다. 2005년 코스닥상장법인협의회에 따르면 삼성그룹 출신 CEO는 무려 89명에 이르는 것으로 나타났다. 비상장기업을 포함할 경우 수백 명은 족히 넘을 것이라는 게 업계의 시각이다. 이 중 상당수는 CEO나 임원으로 퇴직한 후 전문경영인으로 재취업한 것으로 알려졌다.

이들이 이처럼 중소기업이나 벤처기업에 새로운 둥지를 틀 수 있는 것은 기본적으로 능력을 인정받은 때문이다. 한 휴대폰부품 업체 관계자는 "삼성이나 LG 등 대기업 임원 출신들은 산업 트렌드를 읽고 전략을 세우는 일에 익숙하다."며 "대부분 외국어도 잘하고, 철저한 교육을 받아 경영능력도 뛰어난 게 사실"이라고 말한다. 그는 "중소기업이나 벤처기업, 한국 진출을 준비하는 외국계 기업 등에서 헤드헌터를 통해 관련 대기업 출신 임원 영입에 치중하는 것도 같은 이유"라고 설명한다.

이와 함께 대기업과 관련된 비즈니스를 하는 업체들은 퇴직 임직원들을 영입하여 연결 역할을 바라는 경우도 많다. 대기업 출신들을 영입해 실질적인 도움을 얻으려 하는 경우다.

중소규모 SI업체인 H사 사장 이 모씨가 전형적인 사례. 엔지니어 출신인 이 씨는 모 통신사에서 임원을 역임했다. 퇴직 후 이 씨는 현재 몸담고 있는 회사로 옮겼다. 엔지니어 출신이라는 경력과 함께, 사실상 SI사업 발주 물량이 많은 통신사 출신이라는 점이 한몫했다. H사에는 대표이사만 2명. 다른 사장이 실질적인 오너고, 이씨는 전문경영인으로 일하고 있다. H사는 실제 이 씨가 몸담고 있던 회사의 프로젝트와 관련하여 협력업체로서, 혹은 재하청 형태로 수행하는 업무가 전체 업무 중 상당부분을 차지한다. H사 관계자는 "이 사장의 인맥 덕분에 프로젝트에 참여하는 게 한결 쉬웠다."고 털어놓았다.

자기 사업 운영

임원 시절 맺은 네트워크를 기반으로 자기 사업을 영위하는 경우도 어렵지 않게 볼 수 있다.

의류사업을 하는 손 모씨는 최근 미국 뉴욕 인근에 집을 장만했다. 미국에 유학을 가 있는 아들을 위해서였다는 게 대외적인 명분이지만, 실제로는 앞으로 미국과 한국을 오가며 노후를 즐길 생각이다. 손 씨는 국내 굴지의 대기업 계열인 K종합상사 출신. 회사가 IMF 외환위기 시절에 어려움을 겪자 상무로 재직하던 손 씨는 사표를 던질 수밖에 없었다. 하지만 임원 시절 쌓은 네트워크가 이후 큰 도움이 됐다. 그는 의류사업부가 있던 K종합상사의 인맥을 바탕으로 와이셔츠사업에 뛰어들었다. 주변의 도움과 본인의 대기업 임원 경력 덕에 해외 라이선스 브랜드 도입은 물론, 국내 유통매장 입점도 어렵지 않게 해결됐다. 손 씨는 "사업 초기에는 어려움이 있었지만, 금방 자리를 잡을 수 있었다."면서 "대기업 시절의 인맥과 경영 관리 경험이 큰 도움이 됐다."고 말했다.

국내 A전자에 작업복과 작업용 장갑 등을 납품하는 김 모 사장도 사정은 크게 다르지 않다. A전자에서 상무보까지 역임한 김 사장은 퇴직 후 곧바로 회사를 차리고 A전자와 납품계약을 체결할 수 있었다. 부장 시절까지 구매 담당 부서에서 잔뼈가 굵은 김 사장 또한 부하직원들과의 네트워크를 바탕으로 손쉽게 제품을 납품할 수 있게 된 케이스. 김 사장의 경우, 임원생활이 짧았던 게 오히려 도움이 됐다. 이사로 재직한 기간이 2년 남짓이어서, 부장으로 일하던 시절의 인맥이 구매 담당 부서에 그대로 남아 있었던 것. 하지만 그런 김 사장에게도 고민은 있다. 전직 임원의 파워가 2~3년이면 동이 난다는 점이다. 실제로 A전자의 경우, 전직 임원이나 CEO에게 사업상 혜택을 주는 기간은 수년에 불과하다. 이 기간이 지나면 다른 외부업체와 똑같이 경쟁을 해야 한다. 결국 몇 년이 지나면 자신보다 더 최근에 A사를 떠난 후배들에게 혜택을 양보해야 하는 것이다. A사는 같은 물품에 두세 곳의 협력업체를 선정하고, 한두 곳은 전직 임원이나 CEO 출신들에게 혜택을 주고 나머지는 같은 경쟁과정을 거치도록 하고 있다.

컨설턴트나 기업 고문으로 활동

컨설팅업체의 경우, 대기업 CEO나 임원 출신들을 영입해 영업에 활용하는 경우가 많다. 중소기업이나 협력업체 고문으로 취임하는 것도 마찬가지. 컨설팅업체의 한 관계자는 "후발업체들을 중심으로 대기업이나 금융기관의 CEO나 유력 임원 출신을 고문이나 회장 등으로 영입해 수주를 따내는 경우가 있다." 면서 "M&A시장의 경우 매물이 나오면 인맥부터 따지는 게 관례"라고 말한다.